Tony Kellen

Was ist die Frau?

Ideen und Paradoxe

Tony Kellen

Was ist die Frau?
Ideen und Paradoxe

ISBN/EAN: 9783743463967

Hergestellt in Europa, USA, Kanada, Australien, Japan

Cover: Foto ©Thomas Meinert / pixelio.de

Manufactured and distributed by brebook publishing software
(www.brebook.com)

Tony Kellen

Was ist die Frau?

Was ist die Frau?

Ideen und Paradoxe Alexander Dumas' des Jüngeren

über

die Frauen, die Liebe und die Ehe.

Von

Tony Kellen.

Motto:

L'humanité collective et individuelle continue
à se troubler devant cet X charmant et terrible:
la femme.

Alexandre Dumas fils (L'Homme-Femme, p. 3).

———◆———

Leipzig, 1892.

Verlag von Max Spohr.

Vorwort.

— —

Es giebt wohl kein Land, in welchem ein Schriftsteller so bedeutendes Aufsehen mit seinen Ideen über die Frauen erregt hätte, wie Alexander Dumas Sohn in Frankreich. Es dürfte zur Genüge bekannt sein, daß seine fast alle tendenziös gefärbten Dramen und Schauspiele sich zum größten Teil mit Fragen beschäftigen, in denen die Frauen eine bedeutende Rolle spielen. Diese Stücke wurden auch in Deutschland aufgeführt, und ich darf dieselben wohl als genügend bekannt voraussetzen. Weniger Beachtung fanden in Deutschland diejenigen Schriften Alexander Dumas', in welchen er seine Ideen über die Frauen eingehend entwickelt. Diese Werke wurden, soviel ich weiß, bis jetzt nicht ins Deutsche übersetzt, wahrscheinlich nur aus dem Grunde, weil sie in einer Form abgefaßt sind, die sie speziell fürs französische Publikum bestimmt erscheinen lassen. Und doch muß jeder, der dieselben liest, gestehen, daß sie verdienen, auch anderwärts bekannt zu werden.

Alexander Dumas ist es vergönnt, zu sehen, wie so viele seiner Ideen, über die selbst in Frankreich anfänglich viel Lärm geführt wurde, derart auf die Geistesrichtung des französischen Volkes eingewirkt haben, daß sie nunmehr fast allgemein und unbestritten anerkannt werden. Gegenwärtig kann man allerdings seine litterarische, philosophische und theatralische Carriere als abgeschlossen betrachten, denn das Wenige, das er noch in großen Abständen produziert, bietet nichts Neues mehr.

Nachdem Dumas ein so gewichtiges Wort in der Frauenfrage mitgeredet hat, dürfte es sich jetzt, wo er dieselbe allem Anschein nach für immer anderen Geistern überlassen hat, wohl lohnen, seine diesbezüglichen Ideen zusammenzustellen und sie auch dem deutschen Publikum zu unterbreiten. Ich habe daher aus seinen vier Werken: „L'Homme-Femme", „La Question du Divorce", „Les Femmes qui tuent et les Femmes qui votent" und „La Recherche de la Paternité" das Bemerkenswerteste ausgesucht und in übersichtlicher Weise geordnet, indem ich zugleich das, was Dumas in seinen Romanen, Briefen, Vorreden u. s. w. über den uns interessierenden Gegenstand schrieb, berücksichtigte.

Es ist selbstverständlich, daß ich nicht allen Auffassungen Dumas', so wie ich sie durch Auszüge in diesem Werkchen wiedergegeben habe, beistimmen kann, aber ich glaubte, mich in vielen Fällen der Mühe überheben zu können, dieselben kritisch zu beleuchten. Die Anschauungen Dumas' über die Weltordnung sind manchmal sehr barock, und wenn man dieselben eingehend würdigen und diskutieren wollte, müßte man vorerst dem deutschen Leser eine vollständige Übersetzung seiner Werke unterbreiten und denselben noch einen ganzen Band zur weiteren Kritik beifügen. Es handelt sich übrigens dabei größtenteils um Dinge, über die auf der ganzen Welt die verschiedensten

Anschauungen herrschen, und die sich sozusagen jeder denkende Mensch in seinem individuellen Gewissen nach seiner Überzeugung, d. h. nach bestem Wissen und Können zurechtgelegt hat.

Was Alexander Dumas über die Frauen geschrieben, ist nicht bloß an und für sich interessant und lehrreich, sondern es liefert auch einen bemerkenswerten Beitrag zur Charakterisierung der socialen Zustände in dem modernen Frankreich. Abgesehen von dem, was Dumas an und für sich Paradoxes hat, repräsentiert er zum guten Teil die Anschauungen unserer westlichen Nachbarn über die Frauen, die Liebe und die Ehe. Die Franzosen standen von jeher im Rufe, das galanteste Volk der Erde zu sein, und deshalb ist es wohl auch merkwürdig, zu untersuchen, wie die Ideen eines seiner berühmtesten Schriftsteller sich in einer Zeit gestalten konnten und mußten, wo auf allen Gebieten des Lebens eine so sonderbare Verwirrung herrscht, und wo gerade diejenigen am ehesten auf den Beifall der Menge rechnen können, welche sich vor allem im Absonderlichen zu gefallen scheinen.'

Man vergesse bei der Lektüre dieses Werkchens nicht, daß es speziell die französischen Verhältnisse sind, die Dumas im Auge hat; aber auch abgesehen davon, enthalten die Auszüge, die ich aus seinen Schriften mitteile, so vieles, das sich auch auf die Verhältnisse anderer Sitten anwenden läßt, daß es sich wohl lohnt, dieselben näher zu erwägen. Allerdings scheinen die Ideen Dumas' manchmal etwas absonderlich und verworren zu sein, allein ein verständiger Geist wird sich nicht leicht dadurch in die Irre führen lassen, denn nach einigem Nachdenken kann man mit leichter Mühe die Lehren daraus ziehen, die sie mit sich bringen.

Nicht alle werden den Inhalt dieses Bändchens billigen, aber selbst die, welche den darin reprobuzierten Ansichten ihren Beifall versagen müssen, werden jedenfalls mit Interesse davon Kenntnis nehmen, denn es enthält die Quintessenz der Ideen eines Mannes, der als Schriftsteller berühmt war, der sich eine tiefe Menschenkenntnis anzueignen wußte, und der nicht bloß immer ein origineller, zum Paradoxen geneigter Kopf war, sondern auch das Zeug zu einem großen Philosophen in sich hatte.

Luxemburg, Februar 1892.

Der Verfasser.

Inhalts-Übersicht.

		Seite
I.	Alexander Dumas und die Frauen	1
II.	„L'Homme-Femme"	23
III.	Die Ehe	32
IV.	„Tue-la!" („Töte fie!")	39
V.	Die Eheſcheidungsfrage	50
VI.	Eine banale Geſchichte	61
VII.	Die „gefallenen" Mädchen und die Vaterſchaftsllage	67
VIII.	Liebe, Ehe und Proſtitution	75
IX.	Zweierlei Liebe	79
X.	Die Stellung der Frauen zu ihrer Emancipation	89
XI.	Die Rechte der Frau	96
XII.	Sentenzen und verſchiedene Ausſprüche	101

I.

Alexander Dumas und die Frauen.

Alexander Dumas Sohn bildet in der französischen Litteratur eine ganz eigene litterarische Erscheinung. Er ist Romancier, Politiker, dramatischer Dichter und Philosoph. Sogar mit Theologie hat er sich beschäftigt, aber das war nur gelegentlich der Fall. Auch die Politik ist für ihn Nebensache. Die paar Broschüren, die er über „Tagesereignisse" schrieb, sowie einige Korrespondenzen, die er u. a. aus Holland an die Zeitungen richtete, sind wohl schon ganz vergessen.

Als Romancier hat er einen Teil von dem Ruhme seines Vaters geerbt, aber er hat ihn weder übertroffen noch erreicht. Er hat zwar einige Werke geschaffen, die zu der Zeit, wo sie erschienen, als realistisch gelten konnten, die aber heutzutage bei weitem übertroffen sind. Sein erster Roman, der einen großen Erfolg erzielte, ist die „Dame aux Camélias" („Cameliendame"), die er später auch auf die Bühne brachte. Von seinen übrigen Romanen ist die „Affaire Clémenceau" („Der Fall Clemenceau"), den er ebenfalls dramatisch bearbeitete, einer der bekanntesten.*) Diese Romane ließen in mehr als einer Hinsicht das originelle Talent Dumas' erkennen, aber er erregte noch größeres Aufsehen als Dramatiker und als Moralist.

*) Neben der „Dame aux Camélias" (1848) und der „Affaire Clémenceau" (1867) sind noch bekannt: „Césarine" (1848), „Trois hommes forts" (1851), „Diane de Lys" (1851), „La Dame aux perles" (1854), ꝛc.

Als Theaterdichter wird er selbst von seinen litterarischen
Gegnern, wie Emile Zola, als ein Meister des (alten, nicht
des neueren realiftischen) Theaters anerkannt; er weiß, wie kein
zweiter, die dramatischen Fäden in Bewegung zu setzen, irgend
eine Idee in einer Person zu verkörpern und den Zuschauern
seine Meinungen aufzubrängen. Fast alle seine Stücke sind
tendenziös gefärbt; besonders hat er es sich angelegen sein lassen,
die Frauenfrage nach allen Seiten hin zu beleuchten. Seine
Dramen und Schauspiele*) wurden bei ihrer ersten Aufführung
viel diskutiert, und nachdem alle Kritiker ihre Ansicht darüber
ausgesprochen hatten, führte er selbst das letzte Wort in der
Debatte, indem er den neuen Textausgaben eine Vorrede bei=
fügte, in denen er selbst jedes einzelne Stück kritisch beleuchtete
und darin nachzuweisen versuchte, wie die darin ausgesprochenen
Ideen zu begründen oder zu erklären seien.

Die einfachsten wie die kompliziertesten Fragen versteht
Dumas auf dem Theater in ein eigentümliches Licht zu stellen.
Was vielen als selbstverständlich erscheint, weiß er ganz anders
aufzufassen und zu erklären; besonders wo etwas Weibliches in
das Schicksal oder die Lage eines Menschen modifizierend ein=
greift, will er seinen Mitmenschen seine Weisheit zu gute kommen
lassen, und deshalb hat man von ihm gesagt, „es plage ihn
ein Drang, die Menschheit zu fälschen; die Menschen scheinen
ihm nicht gut zu sein, so wie sie sind; er will sie verbessern
und nach seinem Kopfe umgestalten“.**)

Dumas’ Stücke sind in Deutschland ziemlich bekannt ge=
worden, und einzelne von denselben werden noch jetzt aufgeführt.

---

*) Die bekanntesten sind folgende: „La Dame aux Camélias“
(1852), „Diane de Lys“ (1852), „Le Demi-monde“ (1855), „La Question d'argent“ (1857), „L'Ami des femmes“ (1864), „L'Affaire Clémenceau“ (1866), „Les idées de Mme. Aubray“ (1867), „La Princesse
Georges“ (1872), „Monsieur Alphonse“ (1874), „L'Etrangère“ (1876),
„Joseph Balsamo“ (1878) 2c.

**) Emile Zola, Documents littéraires. Paris, Charpentier 1884.
p. 252.

Es dürfte daher interessant sein, zu hören, was die modernen Realisten über dieselben sagen. In einer längeren Studie über Dumas bemerkt Emile Zola u. a. folgendes:

„In den Werken Dumas' nimmt die Realität keinen so bedeutenden Platz ein, als man auf den ersten Blick vermuten könnte. Gewiß sind die Süjets modern, und die Personen gehören auch alle der Gegenwart an. Aber sie bewegen sich innerhalb eines Rahmens, der merkwürdig eng ist; der Verfasser beschränkt sich auf einen gewissen Kreis und auf gewisse Typen; es ist eine beständige Reproduktion derselben Bilder. Man würde in seinen Schauspielen umsonst nach lebenden, originellen, pittoresken Typen suchen; die einzige Person dieser Art, die er geschaffen, ist Madame Guichard aus „Monsieur Alphonse", die einen so lebhaften Lacherfolg am Tage der ersten Aufführung erzielte. Dumas ist nicht wißbegierig genug, um Ausflüge in die ganze menschliche Natur zu machen, heute zu einer Gräfin, morgen zu einem Handwerker, an einem andern Tage in irgend ein verdächtiges Stadtviertel, zu Dirnen oder zu Dieben. Alles, was er geschrieben hat, kann in demselben Salon vor sich gehen, mit denselben Fauteuils längs der Wände und derselben Standuhr auf dem Kamin. Ich werfe ihm übrigens diese Einfachheit, diese Einheit des Rahmens nicht vor; größere als er haben Meisterwerke auf einem ebenso engen Raume unterzubringen gewußt. Es würde schon genügen, wenn er sein kleines Volk mit einer lebhaften Intensität der Form und der Farbe darstellen würde. Aber hier ist es eben, wo er nicht imstande ist, Realist zu sein. Nicht bloß ist sein Bereich eng begrenzt, undeutlich, unbestimmt und an andere Gebiete stoßend, sondern auch die Kreaturen, die er auf die Bühne bringt, sind fast lauter künstliche Existenzen; es ist nichts Menschliches in ihrer Brust. Seine Frauen sind ganz gut oder ganz schlecht, mit der Unabänderlichkeit eines Syllogismus; seine Gatten gehen in der Selbstverleugnung bis zur Einfältigkeit und in der Rache bis zur Verrücktheit; seine Kinder sprechen wie erwachsene

1*

Leute; seine Nebenpersonen bewegen sich während der Handlung wie notwendige Räder. Man findet nie etwas Geschmeidiges oder Nachgiebiges; man gerät bis über den Kopf ins Räsonnement. All' diese Leute bleiben pure Argumente, welche zu einem allgemeinen Plaidoyer mitwirken sollen, und die um keinen Preis von der geraden Linie abweichen werden, die sie befolgen. Man spürt, daß e r immer hinter ihnen steht; er wacht beständig und hält seine Personen am Rücken fest, wie wenn sie Marionetten wären; er bewegt ihre Arme, ihre Beine, ihren Kopf; er identifiziert sich derart mit ihnen, daß alle seine Sprache reden, den Klang seiner Stimme haben und fortwährend seine Geisteswendungen reprobuzieren. Es ist nicht ein gewöhnlicher Lebensabschnitt, den Dumas uns vorführt; es ist ein philosophischer Karneval, in dem man 20, 30, 50 kleine Dumas herumspringen sieht, die als Männer, Frauen, Kinder, und mit Perücken, je nach Zeit und Stellung, verkleidet sind."*)

Es ist ja wahr, daß Dumas in seinen Tendenzstücken seine Personen einzig und allein benutzt, um durch deren Mund zum Publikum zu reden. So ungünstig man auch deswegen die Stücke vom realistischen Standpunkte aus beurteilen muß, so bleibt es doch nichtsdestoweniger wahr, daß gerade das ihren Reiz ausmacht. Dumas wollte das Theater zu einem ganz eigenen Zwecke benutzen, und das ist es auch, was b'Haussonville in seiner Antwort auf dessen „discours de réception" (Antrittsrede bei der 1874 erfolgten Aufnahme Dumas' in die Akademie)**)

---

*) E. Zola, a. a. O. p. 265.
**) Dumas hatte es nicht zum wenigsten dem Verdienste seines Vaters zuzuschreiben, daß er ohne Schwierigkeit in die Akademie gewählt wurde. Er ist in mancher Hinsicht das gerade Gegenteil seines Vaters. Während der Sohn mehr zum Grübeln veranlagt ist, war der „père Dumas" ein etwas oberflächlich veranlagter Kopf, der vor allem das Interessante einer Geschichte, das Dramatische einer Situation mit leichtem Blick zu erfassen wußte; aber derselbe hat sich doch bedeutende Verdienste um die Litteratur erworben, und, wie man auch seine Romane beurteilen mag, man kann nicht leugnen, daß er jedenfalls der gewandteste Erzähler

ihm vorwarf. Dumas hatte sich gegen den Vorwurf der Immoralität, den man seinen Stücken vielfach machte, zu verteidigen gesucht, und der greise Akademiker, der ihm so diskret als möglich erwidern wollte, antwortete ihm, es sei nur zu viel Moral darin.

„Sie besitzen,“ sagte er u. a., „eine so geschickte Methode, daß Sie alles wunderbar schön zusammenbringen können. Ihre Werke werden immer ein seltener Genuß für delikate Geister sein, aber wenn einmal die Nachahmer kommen, so fürchte ich, wird man, wie in der Satire von Boileau, sagen können: „Lieben Sie die Moral? Sie finden deren überall.“ Ich bin weit entfernt, die Moral zu verabscheuen, und ich will sie sogar in starker Dosis nehmen, aber ich verlange, daß man mir sie am rechten Ort und zur rechten Zeit darbiete, und ich hoffe, daß auch Sie sich nötigenfalls mit mir gegen die Stümper wenden werden, welche unter dem Vorwande von Neuerungen es wagen sollten, das Theater als Kanzel zu benutzen.“

Allgemein bezog man diese Bemerkung auf Dumas selbst, wegen seiner letzten Stücke, besonders wegen der „Femme de Claude“. Eine noch deutlichere Anspielung machte b'Haussonville, als er die ersten Stücke Dumas' erwähnt hatte, „in denen die Frauen auf blumichten Pfaden zum Guten zurückgeführt werden“*), und dann fortfuhr:

---

war, der je existierte. Aus diesem Grunde hätte er wohl auch Recht auf die „grünen Palmen“ der Akademie gehabt, aber er wagte es nicht, vor die gelehrte Gesellschaft hinzutreten, weil er im voraus sicher war, abgewiesen zu werden. Es genügt nämlich nicht, ein großer Schriftsteller zu sein, um dort aufgenommen zu werden, sondern man muß auch ein mehr oder weniger tabelloses Leben führen. Dumas aber führte die abenteuerlichste Existenz der Welt; er warf die Millionen, die er mit seinen Romanen gewann, mit vollen Händen wieder zum Fenster hinaus. Dumas der Jüngere ist, seitdem er die Flegeljahre der Jugend hinter sich hat, sehr sparsam und führt ein geordnetes, ruhiges Leben. Die Akademie öffnete ihm daher desto bereitwilliger ihre Pforten, weil sie dessen Vater den Eintritt aus nichtlitterarischen Gründen verweigern mußte.

*) Zola, a. a. O. p. 259.

„Es scheint übrigens, als hätten Sie nicht lange Zutrauen
zu der Nachsicht gehabt, um den Kreuzzug, den Sie gegen die
Verletzungen ehelicher Treue unternommen haben, glücklich zu
Ende zu führen. Man sollte sagen, es sei die Entrüstung eines
Gesetzgebers, der sich darüber aufgebracht fühlt, daß man seine
Vorschriften nicht beobachtet hat, und der sich notgedrungen
entschließt, dieselben durch eine strenge Strafe nachdrücklicher zu
betonen. Jedes Mittel ist Ihnen gut genug, um die untreuen
Gattinnen zu bestrafen. Diese mögen sich daher in Zukunft in
acht nehmen vor den hübschen Messern, welche auf den Tischen
herumliegen, vor den Pistolen, die ihre Männer ihrer schlechten
Gewohnheit gemäß in der Tasche tragen, und vor den Ge=
wehren neuester Erfindung, die in den Ecken hängen; sie mögen
zittern bei dem Gedanken an den Vorrat von verbesserten
Kanonen, die Sie ihnen in der Ferne zeigen, und die man
eines Tages bei der allgemeinen Hinrichtung wird gebrauchen
können. Fürwahr, ein hartes Herz müssen diejenigen haben,
welche nicht vor diesem fürchterlichen Apparat zur Förderung
der Sittlichkeit zurückschrecken.“

Das waren allgemein verständliche Allusionen auf den
Ausgang der „Affaire Clémenceau“ und der „Femme de
Claude“. Sogar die Akademiker fanden ihren Spaß daran,
als der gefürchtete Dumas wenigstens unter der Kuppel der
Akademie einen Meister gefunden, der ihm zu antworten wagte.

Dumas begnügte sich nicht damit, seine Ideen in Dramen,
sowie an manchen Stellen seiner Romane zum Ausdruck zu
bringen, sondern er hat dieselben auch in eigenen Schriften
eingehend entwickelt. Aus diesen Abhandlungen, wie auch aus
den anderweitigen Ausführungen will ich in den nachfolgenden
Kapiteln gleichsam die Quintessenz wiedergeben.

Die erste diesbezügliche Broschüre „L'Homme-Femme“*)
erregte gleich bei ihrem Erscheinen ungeheures Aufsehen. Ent=

---

*) Paris, Calmann Lévy, 1872. Bis jetzt 44 Auflagen.

wickelte Dumas doch darin seine Ideen, die er bis dahin fast
nur in seinen Theaterstücken hatte durchblicken lassen, ausführ=
lich und mit einer unerwarteten Originalität.

Als später die Frage der Ehescheidung in Frankreich die
Gemüter so sehr erregte, behandelte Dumas dieselbe in einem
umfangreichen Werke „La Question du Divorce"*), das
zugleich eine Erwiderung auf die Schrift eines französischen
Geistlichen war.

Abgesehen von einzelnen Broschüren, Artikeln, Briefen, Vor=
reden u. s. w. ist die letzte diesbezügliche Schrift „Les femmes
qui tuent et les femmes qui votent" („Die Frauen,
welche töten, und die Frauen, welche stimmen", oder richtiger:
„Das Recht der Frauen zu töten und zu stimmen").**) Dieser
sonderbare Titel läßt schon auf den Inhalt schließen.

Aus diesen Werken gebe ich in den folgenden Kapiteln
möglichst sorgfältig gewählte Auszüge, und füge, wo es nötig
ist, erklärende Worte bei. Zuvor aber möge man mir noch
einige Bemerkungen gestatten.

Bei der eigenen Richtung des französischen Geistes darf
uns eine Erscheinung, wie Dumas Sohn, eigentlich nicht wunder
nehmen. Als Sohn eines berühmten Vaters konnte Dumas
nur dann hoffen, ebenfalls berühmt zu werden, wenn er sich
in anderer Weise, als sein Vater, bekannt machte. Deshalb hat
er auch das Gebiet des Romans weniger gepflegt, — seine
Romane verschwinden ganz neben der ungeheuren Zahl der=
jenigen seines Vaters — sondern sich mehr auf das Gebiet des
Dramas und der moralisierenden Philosophie verlegt. Es war
aber auch keine leichte Sache, sich auf diesem Gebiete auszu=
zeichnen, wo so berühmte Vorgänger ihn eigentlich ganz hätten
abschrecken müssen. Aber er sagte sich doch auch zugleich, daß
in Frankreich weniger der klassische Ausdruck gewöhnlicher (wenn

*) Paris, Calmann Lévy, 1879. Bis jetzt 17 Auflagen.
**) Paris, Calmann Lévy, 1880. Bis jetzt 24 Auflagen.

auch erhabener) Gedanken Sensation macht, als vielmehr das
Paradoxe, das der großen Menge mehr auffällt und eher Aus-
sicht hat, beachtet zu werden, als das, was die Epigonen großer
Schriftsteller für eine Elite gleichgesinnter, feinfühlender Geister
niederschreiben.

Vor Dumas hatten schon zahlreiche Schriftsteller über die
Frauen geschrieben*), aber das hat ihn nicht verhindert, mehr
als irgend ein anderer Neues und Originelles über verschiedene
mit den Frauen zusammenhängende Fragen zu schreiben. Die
Frau, das ist das Rätsel, das er nie müde wird zu lösen.
Aber er studiert die Frau weniger an und für sich, als vielmehr in ihren Beziehungen zum Manne. Dabei war es denn
auch unausbleiblich, daß er gerade die durch die französischen
Sitten bedingten unregelmäßigen Verhältnisse ins Auge faßte.
Was hat er nicht alles über den Ehebruch gesagt und geschrieben? Er schien lange Zeit mit sich selbst nicht einig zu
sein, welche Lösung er vorschlagen sollte, und man glaube nicht,
daß sein berüchtigtes „Tue-la!" („Töte sie!") sein letztes und
einziges Wort sei. Man hat eben dieses Wort aus dem Zusammenhang gerissen und allein citiert, und so hatte es den
Anschein, als rate er jedem Manne, seine ehebrecherische Frau
ohne weiteres zu töten. Nein, das ist nicht der Fall, denn
Dumas respektiert doch die bestehende sociale Ordnung allzusehr,
als daß er ein so gewaltsames Mittel zur allgemeinen Anwendung vorschlagen sollte. Man lasse übrigens nicht außer acht
— und man wird es in einem späteren Kapitel an der citierten
Stelle sehen —, daß in dem Falle, wo er dem Manne rät,
seine Frau zu töten, die Verhältnisse derart sind, daß der
Mann wohl auch in andern Ländern, wo man in der Hinsicht
nicht so nachsichtig ist, wie in Frankreich, wenn auch vielleicht
nicht freigesprochen würde, da immerhin ein Verbrechen vorliegt,

---

*) Ein Verzeichnis dieser Schriften wird man in meinem in Vor-
bereitung befindlichen Werke „Die Frauen und die Liebe im Lichte
französischen Geistes" finden.

das geahndet werden muß, aber doch in weitem Maße auf
milderde Umstände Anspruch erheben könnte und auch von
der großen Menge moralisch freigesprochen würde. Das einzige
rechtmäßige Mittel, das Dumas empfehlen und anraten kann,
ist die Ehescheidung, für deren Wiedereinführung er mehr als
irgend ein anderer seine gewichtige Stimme erhoben hatte.

Dumas betont in erster Linie die Widersprüche, die (aller=
dings zum Teil nur nach seiner Auffassung, im großen Ganzen
jedoch in Wirklichkeit) zwischen dem Geist resp. dem Wortlaut
der Gesetze und dem Geist oder den Ausflüssen einer bestimmten
Civilisation bestehen. Und dabei will er, unbekümmert um den
Text der Gesetze, vor allem auf das natürliche Recht und den
gesunden Menschenverstand pochen, und in diesem Ideengang
mußte er das „Tue-la" aussprechen. Es ist das Recht der
Wiedervergeltung, die Empörung eines gekränkten Gewissens,
das sich selbst Recht verschafft. Es ist dasselbe Recht, das die
Choephoren in ihrer Anrufung an die Parzen betonen, das=
selbe Recht, das der Tragiker Seneca in den Worten ausdrückt:

Quod quisque fecit, patitur: auctorem scelus
Repetit, suoque premitur exemplo nocens.
(Herc. fur. 35 sq.)

Dasselbe Recht — das jus talionis — ist es, das sich in
den gewaltsamen Krisen, wo sich das Bewußtsein eines ganzen
Volkes wie einzelner Individuen empört, furchtlos Bahn bricht
und in Wirklichkeit häufiger angewandt wird, als es den An=
schein hat. Wenn man sich daher so sehr über das Dumas'sche
„Tue-la" gewundert hat, so war es weniger, als sei man über
die Sache selbst empört gewesen, als vielmehr, weil bis dahin
sonst niemand gewagt hatte, das auszusprechen und zu be=
gründen, was viele andere schon früher gedacht und auch praktisch
angewandt hatten.

Ein neuerer Moralist macht dazu folgende Bemerkungen:
„Dumas bringt die Achtung für das Gesetz, welches dem Manne
verbietet, seine Frau zu töten, und die Achtung für die Familie,

welche es ihm vielleicht gebietet, mit einander in Konflikt. Seine These war eine Kriegsmaschine, und die Ehescheidung, die nunmehr wieder in unser Gesetzbuch aufgenommen ist, kann manchmal die Anwendung dieses gewaltsamen Mittels ver= meiden*), ohne jedoch die durch den Ehebruch hervorgebrachte Wunde je zu heilen. Übrigens ist seine Beweisführung, so sehr er auch dabei sich auf die Bibel stützt und über die Erschaffung der Welt philosophiert, für das moderne Gewissen nicht gültig. Der Autor selbst hält nur in seinen Broschüren und seinen Vorreden daran fest; um sie auf dem Theater oder im Romane in die Praxis überzusetzen, läßt er seine grausamen Richter unter dem Einfluß von Leidenschaften handeln, die sie entschul= digen, denn er würde es nicht wagen, sie kaltblütig räsonnierend einen Mord begehen zu lassen. In der „Femme de Claude" tötet der Gatte die „Diebin", und deshalb beweist das Drama nichts zu gunsten der These. Clémenceau, der der schlafenden Iza ein Papiermesser in die Brust stößt, handelt ebenfalls nicht kaltblütig. Die Bedingung des Theaters mildert immer die allzu weitgehende Theorie." **)

Man liest so oft auch in deutschen Zeitungen, daß dieser oder jener Franzose, der aus einem von den bekannten Gründen seine Frau getötet hat, freigesprochen wurde. Daß dieses nicht einer augenblicklichen Gemütsstimmung eines einzelnen franzö= sischen Geschworenengerichtes zuzuschreiben ist, sondern mehr oder weniger den Anschauungen der großen Masse des Volkes entspricht, kann man schon daraus schließen, daß solche Fälle bereits in allen Teilen des Landes vorgekommen sind, und noch in unseren Tagen, wo doch die Ehescheidung so leicht möglich ist, vorkommen. Die Franzosen wissen solche Urteile nicht bloß

---

*) Dieses „manchmal" klingt doch gar zu sonderbar! Man sieht, wie grundverschieden die Auffassungen sogar durchaus ernster, keineswegs paradoxer Moralisten aus Frankreich von den unsrigen sind.

**) Lucien Arréat, La morale dans le drame, l'épopée et le roman. 2me. édition, revue et augmentée. Paris, Alcan 1889, p. 62.

zu erklären, sondern auch zu rechtfertigen, und wer die· in den nachfolgenden Kapiteln enthaltenen Auszüge mit einigem Verständnis liest, wird die Begründung derselben leicht herausfinden können.

In der bereits erwähnten Studie über Alexander Dumas sagt Zola:

„Die Frau ist für ihn zugleich eine Königin und eine Sklavin, etwas Notwendiges und etwas Überflüssiges, etwas Gefährliches und etwas Nutzbringendes; er tötet sie mit Fußtritten oder versetzt sie in ein Paradies voll Seligkeit. Wir haben in Frankreich bereits ein anderes Beispiel gesehen, wo ein Schriftsteller ganz vom Ewig-Weiblichen absorbiert wurde; ich meine Michelet, der zuletzt aus der Frau den sinnlichen Angelpunkt machte, um den sich die Welt bewegt. Alexander Dumas ist weniger zärtlich; jener kniete thränengerührt vor den Frauen nieder; dieser aber wirft sich zum Gesetzgeber, zum Beichtvater, zum Seelenverbesserer auf. Wie man erzählt, sollen jeden Tag Frauen heimlich zu ihm in sein Arbeitskabinett gehen, um ihm ihre Herzen zu öffnen, ihre Fehler zu bekennen, und Worte des Trostes und des Rates von ihm zu hören. In einem Salon sieht man ihn oft auf einem Fauteuil ruhend, von einer dreifachen Reihe von liebenswürdigen Büßerinnen umgeben, welche mit ihm einen „Liebeshof" abhalten. Wie soll man lieben? Wie kann man einen lästig gewordenen Liebhaber vor die Thür setzen? Welches ist das sicherste Mittel, um einen untreuen Gatten wiederzugewinnen? Das geschieht übrigens alles, ohne die strikteste Moral zu verletzen. Dumas ist ein Hohepriester, der die kranken Herzen pflegt, und deshalb nimmt er einen so bedeutenden Platz in unserer Zeit ein: er ist der St. Vincenz von Paula der unglücklichen Frauen und Geliebten.*)"

Welches Ansehen Alexander Dumas übrigens noch jetzt in

---

*) E. Zola, a. a. O. p. 253.

solchen Fragen genießt, beweist der Umstand, daß keine Diskussion und keine Abstimmung über irgend ein psychologisches Problem, bei dem etwas Weibliches mit im Spiele ist, stattfindet, ohne daß eine Zeitung ihn um seine Ansicht fragt oder um einen Beitrag bittet, oder daß ein Reporter ihn interviewen geht. Dumas ist außerdem der „préfacier à la mode" geworden, d. h. er schreibt sehr häufig die Vorreden zu solchen Werken, die mehr oder weniger seinen Ideen entsprechen oder auch auf Sensation berechnet sind. Kurzum, er ist ein berühmter Seelen= arzt und Schriftsteller, der sich allen Pflichten unterziehen muß, die in Frankreich mit den Vorrechten eines großen Mannes unvermeidlich verbunden sind.

Zwei Umstände haben besonders dazu beigetragen, daß Dumas so viel Aufsehen erregte, und zwar vorerst die mehr oder weniger heiklen Fragen, die er behandelte, und sodann seine geistreiche Darstellungsweise. Er hat, was die Franzosen nennen „lancé des mots", und damit hatte er so viel Erfolg, wie wohl noch kein anderer Schriftsteller. Sein „Tue-la" ist berühmt und berüchtigt geworden, und auch sein Wort „die Unschuld eines Mädchens ist ein Kapital" hat bei den skeptischen Viveurs einen nicht geringen Lacherfolg erzielt. Diese „mots" sind aber auch derart typisch, daß man sie mit Recht als den originellsten Ausdruck seines Wesens ansieht.

Es wäre eine interessante Aufgabe, wenn man die Einflüsse untersuchen wollte, unter deren Einwirkung Alexander Dumas zu der Lebensauffassung gekommen sein mag, die wir in seinen letzten Schriften und Dramen ausgesprochen finden. Ich kann mich dieser Aufgabe in dieser einleitenden Studie nicht unterziehen, aber ich kann doch nicht umhin wenigstens darauf hinzuweisen, daß er schon in verhältnismäßig früher Jugend mit gewissen Frauen in Verbindung kam, die ihm keineswegs eine gute Idee von ihrem Geschlechte beibrachten. In seinem Roman „La Vie à vingt ans", der wohl manches Erlebte enthalten mag, sagt er (wenn auch durch den Mund eines andern), er sei schon bald zu andern Ideen über jene Frauen gekommen, die eine Schande für ihr Geschlecht bilden.

„Obschon ich jetzt," sagt er, „noch kein großer Menschenfreund und kein großer Philosoph bin, so habe ich doch meine Ansichten über jene Weiber, die durch das Elend zur Prostitution gezwungen werden, geändert. Gewiß will ich mich nicht zum Verteidiger der Ausschweifung und des Lasters aufwerfen, gewiß giebt es unter den verlorenen Mädchen niedrige Naturen und gemeine Herzen, in die nie ein Strahl der Liebe oder der Hoffnung schien noch scheinen wird, und die jenen geheimnisvollen, düsteren Höhlen ähneln, die von Reptilien bewohnt werden und in die seit sechstausend Jahren nie ein Sonnenstrahl drang; aber es giebt auch andere, deren Fröhlichkeit nur Fieber und deren Gleichgültigkeit erlogen ist, arme Geschöpfe, die sich so viel wie möglich betäuben, und die anfangen zu weinen, wenn man ihnen von Unschuld, Liebe und Familie redet, drei Dinge, die sie nie gekannt und die sie nie kennen lernen werden. So sah ich z. B., wenn ich diesen armen Mädchen etwas von meiner Mutter und meinen Schwestern sagte, wenn ich zufällig und ohne daran zu denken, die keuschen und heiligen Wesen nannte, von denen unsere Wiege umgeben ist, wenn ich also jene verlassenen Kreaturen einen flüchtigen Blick in die Wohlthaten der Familie und des heimatlichen Herdes werfen ließ, sah ich, wie sie mit großen Augen neidische Blicke auf mich warfen, nachzusinnen schienen und dann, ohne ein Wort zu sagen, den Kopf in die Hände stützten und heftig zu weinen anfingen; und glaube mir, solange du eine Frau weinen siehst, verachte sie nicht, denn sie hängt noch durch etwas mit Gott zusammen, und wenn sie nicht die Seele der betenden Jungfrau hat, so hat sie doch vielleicht die Reue der leidenden Magdalena."*)

In demselben Werke sagt er u. a. noch folgendes:

---

*) La Vie à vingt ans. Nouv. édition. Paris, Calmann Lévy, 1888. p. 60.

„Man muß gestehen, daß die Frauen, welcher Klasse sie auch angehören, beständig nach den herrlichen Dingen Gottes dürsten. Es giebt sehr wenige Frauen, sie mögen auch noch so heruntergekommen sein und jeder Poesie wie jeder Rührung noch so unzugänglich scheinen, welche sich nicht von der Sonne, den Blumen und den Feldern überreden ließen. Die Weite der Ebene und das Geheimnis der Wälder isolieren und erheben sie in ihren eigenen Augen. Wenn sie sich inmitten einer ruhigen Landschaft befinden, ziehen die Schatten ihrer Vergangenheit so weit hinten am Horizont vorbei, daß sie dieselben kaum noch bemerken und manchmal sogar aus dem Auge verlieren. Dann ist es sehr selten, daß sie nicht mit Leib und Seele demjenigen gehören, der sie begleitet, und daß der Mann, auf den sie ihren Arm stützen, nicht der Auserwählte ihres Herzens ist. Dann träumen sie von jenem phantastischen Bilde, dessen ihre Natur immer bedarf: zurückgezogen zu leben mit jenem Manne, inmitten dieser glänzenden und geheimnisvollen Natur, deren Ruhe Verzeihung verheißt, aber in der sie innerhalb vierzehn Tagen sterben würden, wenn der Mann verrückt genug wäre, das Opfer einer solchen Zurückgezogenheit anzunehmen.“*)

Im Dezember 1867 schrieb Dumas eine bemerkenswerte Vorrede zu seiner „Camelienbame“. Er fragt sich darin zuerst, ob er das Recht hatte, eine Klasse von Frauen, wie Marie Duplessis (so hieß eigentlich die „Camelienbame“), auf die Bühne zu bringen.

„Gewiß,“ fährt er fort, „hatte ich dieses Recht. Alle Klassen der Gesellschaft gehören dem Theater an, und besonders diejenigen, welche bei den Umwandlungsperioden plötzlich auftauchen und der Gesellschaft einen Ausnahme=Charakter verleihen. Zu diesen muß man notwendigerweise die Maitressen und unterhaltenen Frauenzimmer zählen, welche einen unbestreitbaren Einfluß auf die Sitten unserer Zeit ausüben.

---

*) A. a. O. p. 92.

„Hätte Molière in unsern Tagen gelebt, so hätte er diese neue Welt ihre Evolution nicht beginnen lassen, ohne sie einen Augenblick im Vorübergehen aufzuhalten, sie zu studieren und zu dem Publikum zu sagen: „Nimm dich in acht! Hier ist eine auffallende Erscheinung und eine wirkliche Gefahr." Dennoch hätte er die Schuldige nicht mit demselben Eifer gebrandmarkt, den er Tartüffe gegenüber an den Tag legte. Tartüffe repräsentiert das freiwillige Übel; er stellt den Verstand, die Bildung, die Achtung vor den heiligen Sachen, die menschliche Aufrichtigkeit, Gott selbst in den Dienst der Lüge, der Begierde und der Zügellosigkeit. Das Übel, das durch die Courtisane hervorgebracht wird, ein Übel, das in seiner Art ebenso fürchterlich ist, wie das, welches Tartüffe anrichten kann, ist dennoch ohne Vorbedacht und ohne Heuchelei. Es zeigt sich vor aller Welt, öffnet ein Geschäft, hängt ein Schild an sein Haus und bringt eine Nummer daran an. Man muß entweder recht einfältig sein, um das nicht zu merken, oder sehr verdorben sein, um sich dort aufhalten zu wollen. Aber dieses Übel findet eine Entschuldigung in dem Elend, dem Hunger, dem Mangel an Bildung, den schlechten Beispielen, der verderblichen Vererbung des Lasters, in dem Egoismus der Gesellschaft, dem Übermaß der Civilisation, dem ewigen Argumente der „Liebe". Die Schuldige verdient eher Mitleid und Hilfe, als Strafe und Schande. Ihr Verbrechen ist unser Verbrechen, und wir können keine guten Richter sein, wo wir so schlechte Ratgeber waren. Molière wäre deshalb im letzten Augenblick stehen geblieben, und sein gesunder Menschenverstand hätte ihm dieses gesagt: „Gieb acht, das Verbrechen dieser Frau ist nicht so groß, als es den Anschein hat. Willst du eine wirklich Schuldige sehen, so wende dich um und sieh diese!" Und der Moralist hätte ein heiteres Geschöpf sehen können, das weder das Elend, noch das schlechte Beispiel, noch die Unwissenheit als Entschuldigung hat, das aber ruhig und ungestraft die Ehe, die Familie, die Scham bloß seinem Vergnügen zuliebe mit Füßen tritt. Eine

solche Frau ist wirklich eine Verbrecherin, sie ist wirklich gefähr=
lich, sie verdient den Zorn des Dichters und die Entrüstung
der Zuschauer, und doch ist sie es, der man verzeihen will,
unter dem Vorwand, sie habe der Liebe nachgegeben, den Sinnen,
der Natur, in einem Worte, sie habe sich hingegeben, aber nicht
verkauft. — Verkauft! Das ist die ewige Ursache der Verwerfung.

„Sehen wir doch einmal, wie es sich mit jenem schmäh=
lichen Liebeshandel verhält.

„Ein Mädchen, ohne Erziehung, ohne Familie, ohne Stand,
ohne Brot, und dessen einziges Gut seine Jugend, sein Herz
und seine Schönheit ist, verkauft alles einem Manne, der ein=
fältig genug ist, einen solchen Handel einzugehen. Dieses Mädchen
hat seine Unehre unterzeichnet, und die Gesellschaft schließt es
für immer aus.

„Ein gut erzogenes Mädchen, aus einer ordentlichen Familie,
das ungefähr genug hat, um zu leben, das geschickt und ent=
schlossen ist, heiratet einen Mann, der sein Vater oder Groß=
vater sein könnte, den es natürlich nicht liebt, aber der unge=
heuer reich ist. Nach einem Monate — wie neuere Beispiele
zeigen — folgt es dessen Leichenzuge. Dieses Mädchen hatte
eine schöne Heirat geschlossen, und die Gesellschaft nimmt es
als Frau wie als Witwe mit offenen Armen auf.

„Ein Mann, das heißt ein starkes Wesen, das erschaffen
ist, um zu beschützen, zu helfen, zu arbeiten, ein Mann aus
einer hervorragenden, aber armen Familie verhandelt, statt
irgend einen Beruf zu ergreifen, mit dem er ehrlich sein Brot
verdienen könnte, seinen Namen, seine Titel und sein Wappen
gegen die Tochter oder vielmehr das Vermögen irgend eines
Händlers, der sich durch den Verkauf und die Verfälschung
geistiger Getränke oder sonstiger Waren bereichert hat. Dieser
Edelmann hat ein gutes Geschäft gemacht, und niemand hat
etwas dagegen einzuwenden.

„Man kann nun aber mit gutem Gewissen fragen, ob diese
drei Personen nicht gleich viel wert sind, und ich sehe nicht ein,

woher die zwei letzteren das Recht nehmen sollten, die ersteren zu verachten."

Es ist ja vieles wahr von dem, was Dumas hier sagt, aber die Sache verhält sich doch nicht gerade so, denn es ist immerhin ein großer Unterschied dazwischen, ob jemand eine Spekulation macht, die nur seinen materiellen Interessen dient und moralisch gewiß nicht als eine Heldenthat oder als ein verdienstvolles, lobenswertes Werk bezeichnet werden kann, die aber an und für sich keineswegs verwerflich ist, oder ob man eine Handlung begeht, die in moralischer Hinsicht durchaus verworfen werden muß.

Dumas kann eben ein sehr strenger Sittenrichter sein, während er andererseits manchmal aber auch einer viel laxeren Moral huldigt, als wir. Immerhin muß konstatiert werden, daß er im großen Ganzen das Leben in keinem allzurosigen Lichte erblickt. Ich will nur folgende Stelle citieren, aus der man ersehen kann, daß Dumas' Anschauungen manchmal recht pessimistisch gefärbt sein können.

„In der menschlichen Gesellschaft nähern und verbinden sich die beiden Geschlechter größtenteils ohne zu wissen, weshalb. Die Ehrlicheren fügen sich in die Ordnung, so wie sie die Gesellschaft will, und sie schwören vor einem Bürgermeister und einem Priester, bis zum Tode sich zu lieben und mit einander verbunden zu bleiben. Sie halten ihren Eid, so gut es eben geht. Sie spannen sich an und ziehen das Leben zu zweien, wie die Ochsen den Pflug ziehen, über die Steine und durch den Schmutz, im Sonnenschein und im Regen; sie ziehen ihre Furche schweigend, mit Mühe und mit Geduld, ohne zu fragen, was man hinter ihnen in dieselbe säen wird, oder was aus derselben wachsen wird. Die harte Not treibt sie an, sobald sie stehen bleiben wollen. Sie erlaubt ihnen, von Zeit zu Zeit am Ende der Furche Atem zu schöpfen, und ein Tag der Ruhe macht sie glücklich. Instinkt, Unwissenheit und Gewohnheit, ein wenig Ergebenheit, Gefühl und Hoffnung, das ist der Grund ihres Daseins. Zugleich rufen sie andere Wesen ins Leben, die ihnen ähnlich sein werden, und sie sterben, gerade wie sie geboren wurden, wie sie gelebt haben, wie sie Kinder gezeugt haben, wie sie überhaupt immer gehandelt haben, ohne zu wissen, was sie machten. So steht es mit den Niedrigen und den Armen, mit dem gewöhnlichen Volke. Bei den Reichen und den Großen ist es genau dasselbe, mit der Ausnahme, daß sie ein wenig höher stehen, daß sie besser essen, schlechter verdauen und sich nur mit ihren Leidenschaften, ihren Lastern, ihrem persönlichen Überdruß und ihren Übeln, an denen sie fast immer selbst schuld sind, herumschleppen. So funktioniert die Gesell=schaft, diese ungeheure Herde von Menschen, die essen, schreien, sich bewegen, sich fortpflanzen, sich schlagen, vorübergehen, ver=schwinden und sich erneuern inmitten der vollständigen Gleich=gültigkeit der Natur, die sie unterhält und mit verzweifelnder Kaltblütigkeit verzehrt."*)

Solche Ideen Dumas' muß man der paradoxen Richtung seines Geistes zu gute halten. Glücklicherweise läßt er sich nicht immer dadurch beeinflussen, und wenn er mit offenem Auge in die Welt blickt, weiß er viel eher das Richtige zu treffen, als wenn er grollenden Mutes darüber hinwegschaut.

„Die überlegene Frau," sagt er in seiner Broschüre „L'Homme-Femme", „ist nicht so selten, wie man gemeinhin glaubt, und sie wäre noch viel häufiger, wenn der Mann die Frau besser kennen würde, und wenn er nicht unter dem Vor=wande falscher Interessen und falscher Genüsse einen großen, vielleicht den größten Teil dieses fruchtbaren Lebenselementes verloren gehen ließe in der Ehelosigkeit, der übermäßigen Arbeit, dem Elend und der Verderbnis. Es giebt nicht viele Frauen, die nicht in einem gegebenen Augenblicke einen verfügbaren, unbenutzten, aber brauchbaren Wert in sich gespürt, und die nicht mit Liebe, Verzweiflung und Drohungen den einzigen

---

*) L'Homme-Femme, p. 14 sqq.

Genossen, den sie haben können, den Mann, gerufen hätten, da sie vor allem Mütter werden sollen und es nur durch ihn werden können. Daher kommt das Verdienst und die offenkundige Überlegenheit der Frau über den Mann, wenn sie in dem, den sie geheiratet hat, nicht den wirklichen Gatten und Vater gefunden hat, und dann nicht weiter sucht, sondern als Gattin tadellos bleibt und zugleich Mutter und Vater wird. Daher hat sie auch das Recht, sich über den Mann zu beklagen und sich an ihm zu rächen, wenn dieser sie in ihrem angeborenen Werte verachtet und sich dieselbe nicht einmal durch die Ehe und die Achtung beigesellt hat, sondern auf die alleinige Gefahr der Frau hin, aus deren Schwächen, deren Fehlern, deren Ausschreitungen, an denen er schuld ist, Nutzen ziehen will. Dann ist der Frau alles erlaubt, und wenn man die Männer gegen die Maitressen donnern hört, welche sie betrügen, bestehlen und erniedrigen, so kann man mit Fug und Recht über diese Seelenwucherer lachen, welche Liebe und Glück dort ernten wollen, wo sie bloß Zorn und Haß gesät haben.

„Es giebt eine Wahrheit, die die Frau zwar nicht bekennt, wenn der Kampf des Männlichen mit dem Weiblichen beginnt, weil sie ihrem Gegner keine Rechte einräumen will, die er mißbrauchen könnte. Diese Wahrheit ist folgende: wenn sie ganz laut vom Manne verlangt, er solle ihr Sklave sein, so wünscht sie doch in ihrem Innern, er möge ihr Herr und Meister sein, aber er solle stark, sanft und gerecht sein, und dann wird sie sich ihm auch unterwerfen, ihn lieben und aufrichtig verehren. Sie will nicht geraubt, aber sie will besiegt werden, und sie hat recht. Wenn man sie ehrlich und verständig besiegt, bleibt sie immer unterthänig und verbunden; unverstanden oder schlecht angewendet, bleibt sie auf immer gleichgültig oder feindlich gesinnt. Die Überlegenheit, die sie vom Manne verlangt, hat nichts mit einem gesellschaftlichen Vorrang zu thun; dieselbe soll bloß moralisch sein. Sie verlangt nicht, daß der Mann, den sie lieben will, über den andern Männern stehe; vielleicht fürchtet sie sogar, er könne das sein; sie verlangt bloß, daß er über ihr stehe. Sobald sie ihm gehorcht, wird sie ihn für fähig und für würdig halten, allen zu befehlen. Das erklärt auch, weshalb unbekannte Männer so sehr geliebt wurden, und weshalb so viele berühmte Männer so wenig geliebt wurden.

„So ist die Frau, ich möchte fast sagen der Grund der Frau; aber diese Frau, die einheitlich in Bezug auf Form, Funktion und Ideal ist, verändert sich äußerlich beständig durch verschiedene Einflüsse, die Erziehung, das Milieu, die Vermischung der Rasse, die Familie, durch tausend unvermeidliche Dinge, von denen sie sich keine Rechenschaft ablegt, und besonders durch die Unwissenheit des Mannes, der meistens etwas anders von ihr verlangt, als was sie geben kann, und ihr etwas anders bringt, als was sie verlangt.

„Wir haben also die Frau, so wie die Natur sie gemacht hat, und die Frauen, so wie die Gesellschaft sie macht. Diese zwei verschiedenen Arten darf man bei der Beobachtung nicht verwechseln, da die betrügerischen Frauen sich Mühe geben, damit man glauben sollte, sie seien die wirkliche Frau. Man lasse sich nicht täuschen. Die letztere ist ein Element, d. h. ein einfacher und daher unzersetzbarer Körper; die andern sind Mischungen, chemisch-sociale Verbindungen, aus denen bloß der Geistliche, der Beobachter, derjenige, welcher „weiß"*), das verborgene göttliche Element scheiden kann, aber solange dieses Element nicht gefunden ist, können jene Mischungen die falschen Männer, die, welche „nicht wissen", bloß verwirren, betäuben, einschläfern, oder aufregen, auflösen und verflüchtigen, ohne sich selbst zu konzentrieren. Aus dieser Konfusion des Scheinbaren mit dem Wirklichen entstehen die Komödien, die Dramen, die Tragödien der Liebe, aus denen die Litteratur Nahrung, Glück und Ruhm zieht, indem sie übrigens, soviel es in ihrer Gewalt steht, jene Verwirrung, die verlockend und gefährlich für die

---

*) Zum Verständnis dieses Ausdruckes siehe Kapitel II, S. 31.

andern, aber fruchtbringend für sie ist, begünstigt, dadurch daß sie den leeren Sentimentalitäten den Vorzug vor den einfachen Wahrheiten giebt."*)

An einer andern Stelle sagt Dumas:

„Die Frau hat weder denselben, noch einen höheren oder geringeren Wert, als der Mann, sondern sie ist von einem andern Werte, gerade wie sie ein Wesen von einer andern Form und einer andern Funktion ist."**)

Da ich später in einem eigenen Kapitel die Ansichten Dumas' über die Rechte der Frau wiedergeben werde, will ich hier bloß folgende Bemerkungen citieren, welche seinen Standpunkt charakterisieren:

„Die Frau ist nicht deshalb das, was sie ist, weil wir ihr die jetzige Erziehung geben, sondern wir geben ihr die Erziehung, welche sie gegenwärtig genießt, eben weil sie das ist, was sie ist; und wenn sie behauptet, sie sei imstande, Gesetze zu geben, Armeen zu befehlen und Lokomotiven zu führen, so ist sie ebenso lächerlich, wie wenn das starke Geschlecht Chignons tragen, seine Schultern zeigen und Kinder stillen wollte. Wenn man die zwei Naturen in eine einzige vereinigen wollte, so wäre das nichts als Hermaphroditismus, d. h. männliche und weibliche Unfähigkeit."***)

Hiernach könnte es den Anschein haben, als sei Dumas ein Anhänger des status quo in Bezug auf die Frauenfrage. Dies ist jedoch nicht der Fall, denn, wie man später sehen wird, macht er in dieser Hinsicht sehr bedeutende Zugeständnisse, von denen wir nicht einmal alle billigen können.

Aus den vorstehenden Bemerkungen kann man schon einigermaßen einen Überblick über die Dumas'schen Anschauungen in Bezug auf die Frauen und deren sociale Rolle gewinnen. Es ist nicht gerade leicht, dieselben aus seinen so verschiedenartigen

---

*) L'Homme-Femme, p. 55 sqq.
**) L'Homme-Femme, p. 92.
***) L'Homme-Femme, p. 94.

und zum Teil umfangreichen Werken herauszusuchen und zu einem Ganzen zu verbinden. Um dieselben möglichst übersicht= lich wiederzugeben, will ich zuerst die bereits oben erwähnten Werke näher besprechen und analysieren, um die wichtigeren Ideen daraus zu ziehen. Ich werde jedoch auch aus seinen andern Schriften, besonders aus seinen Romanen (u. a. aus einem erst kürzlich erschienenen) einige bemerkenswerte Stellen über die Frauen und die Liebe wiedergeben und an einzelne derselben kurze Bemerkungen knüpfen. Ich möchte schon im voraus bemerken, daß die Dumas'schen Ideen nicht immer mit einander übereinzustimmen scheinen; dieses mag zum größten Teil daher rühren, daß dieselben sich auf einen verhältnismäßig weiten Zeitraum verteilen. Dumas (1824 geboren) schrieb näm= lich seine „Cameliendame" im Alter von kaum 24 Jahren, und seither hat er während 44 Jahren die Feder noch nicht ruhen lassen. Es ist daher begreiflich, daß die Erfahrungen des Lebens ihn manchmal zu andern Ansichten gebracht haben.

II.

„L'Homme-Femme."

In der „année terrible" hatte Alexander Dumas sich mit Politik beschäftigt, allein er verließ dieselbe bald wieder und schrieb im Juni 1872 die Broschüre „L'Homme-Femme", welche gleich bei ihrem Erscheinen viel Aufsehen erregte. Er zeigt sich darin unerbittlich streng gegen die ehebrecherische Frau, und er formuliert das Recht des Gatten in dem so berühmt gewordenen Worte: „Tue-la!" („Töte sie!").

Die genannte Broschüre ist in Form eines Briefes geschrieben, den er an Henri d'Ideville richtete, welcher in dem Pariser Abendblatte „Le Soir" einen Artikel veröffentlicht hatte über die Frage: „Soll man die ehebrecherische Frau töten oder soll man ihr verzeihen?" Auch Dumas will diese Frage besprechen, und zwar von einem andern Standpunkte aus, als d'Ideville, welcher zu dem Schlusse gekommen war, man solle der ehebrecherischen Frau verzeihen, allein, wie in seinen übrigen Schriften, so weiß der französische Dramatiker sich auch hier nicht auf die eigentliche Frage zu beschränken. Die Frauenfrage ist sein Lieblingsthema, und bei dem geringsten Vorwande weiß er dasselbe von einem Ende bis zum andern zu behandeln. Beklagen wir uns jedoch nicht darüber, denn es ist immer interessant und lehrreich, einen Mann wie Dumas, der die gewöhnlichsten Ideen in einem so unerwarteten, überraschenden Lichte darzustellen weiß, über die Frauen reden zu hören.

„Die Frau," sagt Dumas schon gleich im Anfang, „ist jenes reizende und furchtbare Geheimnis, vor dem die gesamte wie die individuelle Menschheit noch immer verwirrt stehen bleibt. Von ihr werden wir immer geboren; oft gehen wir durch sie zu Grunde, denn wenn sie dem Kinde das Leben giebt, so nimmt sie es unter den gegenwärtigen Umständen dem Manne nach Möglichkeit zurück.

„Manche glauben, die Orientalen hätten das Problem gelöst, indem sie die Frauen einsperren. Welch ein Irrtum! Die Orientalen haben sich allerdings den edleren Gefühlen ent= zogen, aber sie haben sich der sinnlichen Empfindung hingegeben. Sie glauben den Feind niedergeworfen zu haben, aber sie haben ihn nur konzentriert; anstatt den Sturm nach allen Seiten hin sich austoben zu lassen, sperren sie ihn bei sich ein. So müssen sie auf eine traurige, thörichte Weise zu Grunde gehen. Sie und auch die meisten von uns bedenken nicht, daß das einzige Mittel, die Frau unschädlich zu machen, darin besteht, daß man sie befreit. Will man sie in socialer Hinsicht beherrschen, so mache man ihrer Sklaverei ein Ende. Ihre Sklaverei ist ihre Garantie, ihre Macht, ihr Genie. Freie Frauen sind tote Frauen!"

Im weiteren fährt Dumas fort:

„Es giebt drei Arten von Frauen in socialer Hinsicht; es sind, um die klassischen Ausdrücke zu gebrauchen:

Die Vestalinnen, — welche oben sind;

die Matronen, — welche in der Mitte sind;

die Hetären, — welche unten sind.

Oder in gewöhnlicheren und verständlicheren Ausdrücken gesagt:

Die Frauen vom Tempel;

die Frauen vom Herde;

die Frauen von der Straße.

Alle Jungfrauen sind „vom Tempel", alle Gattinnen und Mütter sind „vom Herde", alle Dirnen sind „von der Straße",

— das ist selbstverständlich. Wenn man sich aber an die Auf=
schlüsse hält, die das sociale Kataster giebt, so wird man jeden
Augenblick getäuscht werden. Die Gesellschaft macht notwendiger=
weise ihre Einteilungen in Klassen nur nach den für jedermann
sichtbaren Äußerungen. Man zeige ihr ein junges Mädchen,
und sie muß es als jungfräulich ansehen; sie grüßt und schreibt
in ihr Buch: „vom Tempel“. Man zeige ihr eine Gattin oder
eine Familienmutter, und sie muß dieselbe als standhaft und
achtbar ansehen; sie verbeugt sich und antwortet: „Frau vom
Herde“. Man zeige ihr eine Prostituierte, die von ihr selbst
numeriert wurde, und sie muß dieselbe als ein gefallenes Weib
ansehen; sie schlägt die Augen nieder und sagt: „Frau von der
Straße“.

Sie scheint nicht zu wissen — und in Wirklichkeit weiß
sie oft nicht —, was nur einigen Priestern, Ärzten, Advokaten,
Gelehrten und Beobachtern bekannt ist, daß nämlich die Natur
dieser oberflächlichen Einteilung bei einer großen Zahl von
Wesen unbedingt widerspricht, so daß jene aus Geschöpfen, die
bestimmt waren, jungfräulich zu bleiben, Gattinnen, Mütter oder
Lustmädchen macht, und daß sie Kreaturen, welche geboren
waren, um der Freude zu dienen, zwingen will, jungfräulich
zu bleiben oder Gattinnen und Mütter zu werden.

Darin besteht die ganze Verwickelung.

Wir sagten also, alle Jungfrauen seien „vom Tempel“.
Was nämlich den Tempel bildet, ist das Mysterium und die
Undurchbringlichkeit. Die Jungfrauen aber sind undurchdrungene
Mysterien. Die Natur und die Gesellschaft, welche scheinbar
übereinstimmen, sagen ihnen, wenn sie ein gewisses Alter erreicht
haben, das nach dem Klima variiert, sie müßten lieben.

Wen sollen sie lieben?

Den Mann, sagt die Natur; einen Mann, sagt die Gesell=
schaft, und daraufhin rufen Natur und Gesellschaft aus voller
Stimme den Mädchen zu: Nehmt euch einen Mann, einen
Mann!

Und der Mann kommt als Gatte für die Reichen, als Liebhaber für die Armen, mit dem Schlüssel in der Hand. Er öffnet, und sie treten heraus; dann sind, mit Ausnahme von einigen, welche entweder aus direkter Vokation oder aus materieller Notwendigkeit oder aus Furcht vor dem niedrigen Leben der Menschen im Tempel bleiben, die einen auf einmal am Herde, die andern auf der Straße. Hier ist es, wo die Natur und die Gesellschaft, die bis dahin einig waren, nicht mehr miteinander übereinstimmen.

Fangen wir mit der Natur an.

Die zwei äußeren Manifestationen Gottes sind die Form und die Bewegung. Bei den Menschen ist das Männliche die Bewegung, das Weibliche die Form. Aus ihrer Annäherung entsteht die fortwährende Schöpfung; aber diese Annäherung vollzieht sich nicht ohne Kampf. Vor der Vereinigung erfolgt ein Zusammenstoß. Jedes von beiden findet in dem andern, was es selbst nicht besitzt, und sucht sich dessen zu bemächtigen. Die Bewegung will die Form mit sich ziehen, die Form will die Bewegung in sich zurückhalten.

Der Mann findet in der Frau die Vollkommenheit seiner eigenen Form, und er sagt zu ihr: „Sei nur für mich.“ „Gut,“ antwortet ihm die Frau, „dann handle nur für mich.“ Wenn der Mann bewußt und die Frau harmonisch ist, so dauert der Kampf nicht lange. Anstatt sich die Frau unterwerfen zu wollen, gesellt er sich dieselbe bei; anstatt den Mann von seinem Wege abzuwenden, begleitet ihn die Frau auf demselben. Es ist nicht bloß eine Verbindung, sondern eine Gemeinschaft; daraus entsteht dann ein von der Vorsehung vereinigtes Wesen, doppelt und eins, in einem Worte: ganz, ein Wesen, das sich seines Ursprungs, seiner Entwickelung und seines Endes oder vielmehr seiner höheren Verwandtschaft bewußt ist, denn es weiß recht wohl, daß es nicht zu Grunde gehen wird. Bewunderungswürdiger, überirdischer Zustand, der nur des Todes bedarf, um göttlich zu werden, ein Zustand, den wenige Wesen erreichen und nur wenige begreifen können. Es ist die Liebe in ihrem reinsten, erhabensten und fruchtbarsten Zustande.

Wir haben uns hier offenbar nicht mit diesen Auserwählten zu beschäftigen, denn sie bedürfen unserer Reflexionen und Betrachtungen nicht; sie sind klüger als wir. Gegenwärtig interessiert uns nur jene mittlere Menschheit, zu der wir mehr als irgend ein anderer gehört haben, jene Menschheit, die wir Gelegenheit hatten zu studieren, und der wir, sowie wir uns von derselben loszumachen suchen, den Nutzen zu gute kommen lassen möchten, den wir aus ihr gezogen haben.

In dieser Menschheit aber ist der größte Kampf nicht der, welchen jene Wesen gegen die Elemente, die Barbarei, den Hunger, den Ehrgeiz, den Krieg und die Eroberung auszuhalten haben, sondern der Kampf, der zwischen ihnen selbst besteht, der Kampf des Männlichen mit dem Weiblichen, ein fürchterlicher, ewiger, täglicher, unaufhörlicher Kampf, der desto schrecklicher ist, da die Kämpfenden sich zuerst anbeten oder wenigstens glauben (und sich jedenfalls gegenseitig beteuern), sie beteten sich an. Sagen wir es gleich — nicht zum Lobe, aber zum Ruhme der Frau —, der Mann, welcher in diesem Kampfe scheinbar siegt, wird in Wirklichkeit besiegt.

Die katholische Religion, welche den Priestern die Ehelosigkeit auferlegte, wußte recht wohl, was sie damit bezweckte; und seitdem diese neue Welt der Seele existiert, sieht man, daß die Führer der menschlichen Herde diejenigen Männer waren, welche sich dem Weiblichen entzogen oder welche sich durch eine rein geistige Verbindung dasselbe unterworfen hatten. Das erste, was ihr also thut, ist, daß ihr eure Frauen und eure Töchter zum Priester schickt; und dadurch erklärt ihr euch für unfähig, die Seele derselben zu leiten, in die jener einbringt und die er hinter euch zuschließt, wenn es ihm gutdünkt. Er verschwindet alsdann mit ihnen in Gegenden, in die ihr nicht mit ihnen zugelassen werdet. Dort sprechen sie von Sachen, die euch nichts angehen. Es ist das Recht des Beichtvaters und das Geheimnis

des Gewissens. In dem Falle aber, wo eure Tochter oder eure
Frau einen Fehler begeht und zwar trotz dieser wohlthuenden
Dazwischenkunft, könnt ihr versichert sein, daß ihr alle eure
Rechte wieder erlangen werdet; ihr werdet leiden und die Sache
wieder gut machen müssen. Der Priester, kaltblütig und ge-
buldig wie sein Gott, wird die Reue hervorzurufen suchen.
Kommt diese, so erlangt er seine Autorität wieder; bleibt sie
aber aus, so greift er zum Kirchenbanne, ohne sich einen Augenblick dabei aufzuhalten. Durch den Priester fängt die Frau an,
sich dem Manne zu entziehen. Als Tochter ist sie nicht dem
Vater allein unterthänig; als Gattin läßt der Priester sie nicht
der alleinigen Jurisdiktion ihres Mannes unterworfen. Allerdings kann der Mann seinerseits sich dem Priester entziehen;
dem Priester liegt nicht viel daran, ihn zurückzurufen; er behält
die Frau, und solange er diese in seiner Gewalt hat, ist er sicher,
auch den Mann und die Kinder in seiner Gewalt zu behalten.
Der Priester hat nur einen Gegner bei der Frau, und das ist
der Liebhaber. Aber nicht alle Frauen haben einen solchen,
und von denen, welche deren hatten — denn wir wissen, wie
das endigt —, kehren 95 Prozent zum Priester zurück.

Man begreift daher, daß die sogenannten Freidenker vor
allem die Frau zu emancipieren und der Kirche zu entreißen
suchen. Sie sehen wohl ein, daß das Männliche nie frei sein
wird, solange das Weibliche, das es nicht entbehren kann, sich
dieser willkürlichen, formellen Vertretung Gottes unterwirft.
Unglücklicherweise werden die Freidenker diese Emancipation nie
erreichen. Sie stoßen da nicht auf ein sociales Vorurteil —
denn das wäre nichts —, sondern auf eines der Hauptelemente
der ewigen Frau. Der Mann verehrt in den meisten Fällen
nur Fetische und Götzen. Deshalb betet er die Frau besonders
in ihrer äußeren Form an; die Frau aber ist immer aber-
gläubisch, d. h. sie bedarf immer etwas über ihr selbst, etwas,
was keine Form hat, da sie der letzte Ausbruck der Form ist;
und da der Mann gewöhnlich grob, häßlich, unwissend, brutal

und einfältig ist, da er sich ihr unterwirft oder sie bis zu sich erniedrigt; da sie in jedem Falle sich ihm als ebenbürtig ansieht, wendet sie sich an etwas, das sie zugleich erniedrigen und erheben kann, an jene religiöse Legende, die sie zur Königin der Erde macht, indem sie vorgiebt, sie sei es, derentwegen Adam aus dem Paradiese gejagt wurde, sie sei es, die ohne Mithilfe eines Mannes einen Gott auf die Welt brachte, und sie sei es, die die Welt retten werde, indem sie der Schlange den Kopf zertrete. Daher kommt es, daß der Priester, dem der Mann sich entzieht, bestrebt ist, die katholische Welt von der Religion des Männlichen, von der Religion des Vaters und des Sohnes loszumachen und sie durch die Unbefleckte Empfängnis zu der Religion Mariens, der Mutter Gottes, der „geistigen Gattin", in einem Worte zu der Religion der Frau zu führen sucht.

Man vergesse nicht, daß die Reiche vergehen, daß die Civilisationen sich verändern, die Religionen sich spalten, aber daß Gott, der Mann und das Weib, die Prinzipien der Welt, immer dieselben bleiben. Die drei Seiten des ewigen Dreiecks werden also gebildet durch Gott, den Mann und das Weib. Die Freidenker wollen den Mann und das Weib Gott gegenüberstellen, aber es wird ihnen nicht gelingen; die Priester antworten ihnen, indem sie Gott und die Frau gegen den Mann stellen, welcher nicht begreifen will und an dessen Stelle sie sich zu setzen gezwungen sind, und deshalb wird der Mann zeitweilig besiegt. Was soll man also thun? Man muß — und es giebt Leute, die das fertig bringen — die drei Seiten des Dreiecks in Übereinstimmung bringen, in andern Worten: Gott, der Mann und die Frau müssen miteinander übereinstimmen. Dann wird die allgemeine Harmonie gefunden sein, denn da die Familie zuerst aus den zwei Individuen, dem Mann und der Frau, dem Gatten und der Gattin, dem Vater und der Mutter besteht, die Gesellschaft aus den Familien zusammengesetzt ist, da die Nationen aus den Gesellschaften bestehen und die Welt aus den Nationen besteht, mit Gott oben an der Spitze, rundum und im Innern, so kann nicht bezweifelt werden, daß von dem Tage an, wo die Individuen im „Bewußtsein" sein werden, die Welt in Harmonie sein wird und Himmel und Erde nur eins ausmachen werden.

Aber es heißt eben, die Mittel zu finden, um dieses Ziel zu erreichen.

Lassen wir das Ganze, das nur Folge ist, beiseite, und beschäftigen wir uns nur mit dem Manne und der Frau, welche grundlegend sind. So wie wir die Frauen in Klassen eingeteilt haben, so wollen wir auch die Männer einteilen. Hierbei hat jedoch die Gesellschaft nichts zu thun, da die Freiheit, welche der Mann sich angemaßt hat und deren er in seiner göttlichen Thätigkeit bedarf, ihn fortwährend alle socialen Abgrenzungen überschreiten läßt. Er ist nicht „vom Tempel", da seine Jungfräulichkeit noch keinen integrierenden Teil seines socialen Wertes bildet; er ist nicht „vom Herde" im selben Sinne, wie die Gattin, da er in einer Minute Vater wird, während die Frau fast ein Jahr braucht, um Mutter zu werden, und weil er das Kind von seiner Arbeit, aber nicht von seiner Substanz ernährt, und weil die Notwendigkeit dieser Arbeit ihn tausend Meilen vom Herde entfernen kann, was von der Mutter nur verlangt werden kann, wenn sie Witwe ist, d. h. gezwungen ist, sich an die Stelle des Mannes zu setzen und zugleich die Arbeit einer Mutter und eines Vaters zu verrichten; er ist endlich nicht „von der Straße" im selben Sinne, wie die Frau, da die Fehler seines Herzens und seines Körpers bis jetzt keine sociale Erniedrigung für ihn nach sich ziehen, sondern bloß eine physische oder moralische Erniedrigung, aus der er sich immer erheben kann, wenn er will. Verkauft er sich, treibt er Handel mit der Liebe, wie die Prostituierte, so fällt er noch tiefer als diese; er ist dann nicht einmal mehr „von der Straße", er ist „aus der Gosse".

Wir können ihn also, da er eine eigene Bewegung hat, welche frei ist von gewissen Notwendigkeiten, denen die Frauen sich nicht entziehen können, nur nach den Zeugnissen, die er von sich selbst giebt, klassifizieren. Wir werden daher die Männer in zwei Klassen von einer elementaren Einfachheit einteilen:

Die Männer, welche „wissen", d. h. einige;

die Männer, welche „nicht wissen", d. h. alle andern.

Die ersteren haben die Mission erhalten, die letzteren zu belehren und zu leiten; da diese aber wissen, daß sie zahlreicher sind, so geben sie sich als die Verständigsten, jedenfalls aber als die Stärksten aus, und sie widerstehen im Namen ihrer Interessen, ihrer Leidenschaften, ihrer Gefühle, ihrer Gewohn= heiten, ihrer Freiheit. Das erklärt das so langsame, fast un= merkliche Fortschreiten der Menschheit nach den evidenten Wahr= heiten. Was nun aber den Mann und die Frau betrifft, so sieht man gleich, von welcher Art der Konflikt zwischen den beiden Wesen sein kann, wie lange er dauern und welche Folgen er haben kann.

Wenn die Frau in die Hände des „wissenden" Mannes fällt, so geht alles nach Wunsch, wie wir früher bemerkt haben, denn der „wissende" Mann irrt sich nicht in Bezug auf die Wahl einer Frau, oder wenn er sich zufälligerweise geirrt hat, so weiß er, was er hernach zu thun hat. Da aber der „wissende" Mann selten ist, so fallen die meisten Frauen in die Hände von Männern, die „nicht wissen". Weil nun aber die Frau nur durch den Mann in Thätigkeit gesetzt werden kann, da er die Bewegung hat, so kann man leicht erraten, wohin sie zu= sammen gehen können oder wohin jeder nach seiner Seite gehen kann, wenn er selbst nicht weiß, wohin er geht. Daraus könnte man schließen, daß, wenn die Frau einen Fehler begeht, es immer die Schuld des Mannes ist, und daß demnach der Mann gezwungen ist, zu verzeihen. Das wollen wir jedoch noch etwas näher untersuchen."

III.

Die Ehe.

„Ein jeder weiß, wie der Mensch sich verheiratet. Be=
schäftigen wir uns daher nur mit der Ehe, die sozusagen
ästhetisch ist, mit derjenigen, welche für die Frau die unmittel=
bare Folge ihres Austrittes aus dem „Tempel" ist, und in
welche sie jungfräulich und aufrichtig eintritt. Der Mann
heiratet entweder aus Liebe oder aus andern Gründen; jeden=
falls unterzeichnet er einen definitiven Vertrag, er schließt eine
(wenigstens in Frankreich) unauflösliche Verbindung.*)

Er lernt ein junges Mädchen kennen, das mehr oder
weniger für ihn paßt, das mehr oder weniger geneigt ist, zu
heiraten, — denn da es gar nicht weiß, was die Ehe ist, so
kann niemand, nicht einmal es selbst, wissen, ob es dazu ge=
eignet und geneigt ist. Aber was liegt daran? Es liebt seinen
Verlobten, oder vielmehr er gefällt ihr, was bei weitem nicht
dasselbe ist, denn dieses muß man sich wohl merken (und viele
Leute wissen es nicht): das junge Mädchen weiß am Abend
vor der Hochzeit nie, ob es wirklich den Mann liebt, den es
heiraten wird. Es wird es höchstens am andern Tage wissen.
O, dieser andere Tag, es ist die Genesis der Frau.

*) Man vergesse nicht, daß Dumas in seinen erwähnten Schriften
noch immer zu gunsten eines Ehescheidungsgesetzes spricht, das erst später
eingeführt wurde.

Bei den Hochzeiten in der Aristokratie, in der Bourgeoisie, im Volke, kurz, überall sieht man mehr oder weniger Luxus, mehr oder weniger Gäste, aber der Eindruck bleibt immer derselbe. Es ist im Grunde etwas Trauriges, es erinnert zu sehr an ein menschliches Opfer. Seht euch die jungen Gatten einmal an. Wer von beiden ist in diesem Augenblick dem andern überlegen? Offenbar die Frau. Seht, was sie alles mit sich bringt, seht, was sie alles aufs Spiel setzt! Welch eine ungewisse Zukunft für sie, und deshalb auch welch eine Aufregung, welch eine Verwirrung, welch eine flehentliche Miene! Man hat sie darauf vorbereitet, man hat ihr gesagt, es gebe da ein natürliches Mysterium, dem sie sich unterziehen müsse, um Gott gegenüber ihre Pflicht zu erfüllen, um definitiv Frau zu werden, um sich zur Würde einer Mutter zu erheben. Welche Umschreibungen, welche Periphrasen, welche Metaphern! Die Frau bringt also in die Ehe die Unschuld, eine ungewisse Neugierde, eine unwillkürliche Furcht mit und das, was sie dann die Liebe nennt. Seht aber den Mann: er mag Bauer, Arbeiter, Geschäftsmann, Herzog oder Pair sein, jener Tag seines Lebens ist gewiß derjenige, an dem er am einfältigsten aussieht in seinem schwarzen Rocke, mit seiner weißen Krawatte und in der Atmosphäre des Haarkünstlers, die ihn immer ein wenig umgiebt. Begreift er die Größe, die ewige Dauer des Aktes, den er begeht? Er hat nicht einmal eine Ahnung davon. Er denkt an nichts, als an seine Begierden oder an seine Spekulation. Er begeht eine Gotteslästerung und einen Meineid, denn um diese definitive Verpflichtung einzugehen, muß er, wenn er ehrlich ist (— was muß man nicht alles thun, wenn man ehrlich ist?! —), sogar in Gedanken, aber jedenfalls in der Wirklichkeit seine früheren Liebschaften, denen er nicht gesinnt war zu entsagen, aufopfern. Ach, du armer Mann, einfältig und grobsinnlich, wie du bist, — das ist es also, was du diesem jungen Mädchen, das an Leib und Seele noch jungfräulich ist, mitbringst! Das ist das Opfer, das du ihm darbieteſt, und in den meiſten Fällen biſt du ſogar noch aufrichtig. Du meinſt, das müſſe ſo ſein und es werde jetzt alles gehen, wie du es wünſcheſt. Du biſt ſo jung, ſo ſtark, ſo verſtändig, ſeitdem du ihr den Hof machſt, es ſei denn, daß du gerade vorher dein Junggeſellenleben mit luſtigen Kameraden und einigen Freudenmädchen begraben haſt, um ihnen ein letztes Lebewohl zu ſagen und der Göttin der profanen Liebe ein letztes Opfer darzubringen. Da biſt du nun endlich geſchützt durch den Tode, geſegnet von der Kirche, geliebt von der Familie, bewaffnet mit deinem Geſchlechte. Nach einem kurzen Mahle, zu dem du deine Zeugen, deine beſten Freunde und alle Verwandten eingeladen haſt, einem Mahle, das ceremoniös oder geräuſchvoll iſt, je nach deinem Stande und deinem Charakter, reiſeſt du mit deiner Braut ab, und die Welt gehört euch.

Da ſeid ihr nun endlich allein! Dieſes lebende Geſchöpf gehört dir. Sie hat nur deshalb eingewilligt, aus dem „Tempel" zu treten, um höher hinaufzugehen. Über dem „Tempel" ſieht ſie nur den Himmel. Sie iſt bereit, mit dir hinaufzuſteigen. Aber gieb acht! Der Augenblick iſt einzig. Sie iſt noch unberührt, ſie ſchweigt, unwiſſend und gerührt; aber ſie iſt eine Frau, und ſie iſt wißbegierig. Sie wird ihr Geſicht mit beiden Händen verhüllen, ohne Zweifel, damit es ihr auf den Höhen nicht ſchwindlig werde, aber biſt du ſicher, daß ſie die Augen immer ſchließen wird und daß ſie die Finger nicht ein wenig öffnen wird, um zu ſehen, ob du ſie wirklich dahin führſt, wohin ſie gehen will, wohin ſie gehen ſoll? Es iſt gewiß intereſſant, Ufer zu entdecken, die noch kein Geograph kennt, und dort eine Fahne aufzuhiſſen, aber man kann daſelbſt von Wilden umgebracht werden, wie Cook, oder zwiſchen Felſenriffen zu Grunde gehen, wie Lapeyrouſe. Gieb alſo acht! Du gehſt auf unbekanntem Boden. Es giebt dort vielleicht Felſen und Strömungen, aus denen du nicht mehr herauskommen kannſt; es giebt dort vielleicht Wilde, die nach Menſchenfleiſch gelüſten und die dich verzehren werden; es giebt dort vielleicht einen Engel, der bemerken wird, daß du nicht aus dem Himmel kommst und daß du nicht dahin zurückkehrst. Gieb wohl acht! Hier bist du nicht mehr, was du bisher warst, ein Mann in einer galanten Verbindung mit einer Frau, die schon durch einen oder mehrere andere unterrichtet wurde, die weiß, was du von ihr willst und was sie von dir verlangt, und von der du dich vielleicht schon am andern Tage losmachen wirst; du stehst jetzt als Mann der Frau gegenüber, wie am ersten Tage der Welt. Gott wacht, die Schlange ist auf der Lauer, der Cherub mit flammendem Schwerte steht vor der Thüre; in einem Worte, du befindest dich in dem großen, ewigen Kampfe des Männlichen gegen das Weibliche.

In diesem Kampfe sind auf den beiden Seiten die Waffen nicht von gleicher Art. In ihrer Eigenschaft als Formwesen verhält sich die Frau passiv und im Verteidigungszustande; in seiner Eigenschaft als Bewegungswesen schreitet der Mann zum Angriff. Der Mann hält viel auf diese besondere Eigenschaft, und er glaubt erobert zu haben, was er zu Boden geworfen hat, unterworfen zu haben, was er besiegt hat. Wegen seiner kriegerischen Tapferkeit glaubt er bis dahin geliebt worden zu sein. Er täuschte sich früher und er irrt sich noch heute. Früher war es keine Liebe, die man von ihm verlangte, sondern Genuß; heute ist es kein Genuß, den man von ihm verlangt, sondern Liebe. Kurz und gut, es ist einer der zahlreichen Irrtümer des Mannes, zu glauben, er könne seine Frau durch Sinnenreiz beherrschen. Es giebt keine einzige Frau, was auch aus ihr geworden sein mag, die nicht mit Scham, mit Schrecken mit Abscheu, mit Trauer von dieser ersten Realität spricht, wenn sie überhaupt je etwas davon sagt; und diejenigen, welche in der Folge Gefallen daran finden, sind fast ebenso selten, wie die, welche sich gleich im Anfang gern dazu hergeben.

Jedenfalls steht es fest, daß, so liebevoll, so ergeben, so vertrauensvoll auch die Gattin ist, die definitive Berührung

3*

mit ihrem Manne für sie eine Erniedrigung ist, da diese Be-
rührung ihr ihre Vollständigkeit, ihre Einheit von Körper und
Geist nimmt und ihr Ideal näher bestimmt, abgrenzt, indem
diese Berührung die Sinne der Frau verwirrt und sogar ihre
Form verändert. Die Frau fühlt sich durchdrungen und in
ihrem Wert vermindert, und sie hat keinen Anteil an dem,
was sie giebt. Sie wird zweimal betrogen; das ist ihr erster
Eindruck, oder vielmehr, das ist der Grund der unbestimmten
Eindrücke, welche auf das Attentat des Mannes und ihre
Metamorphose folgen. Allein es dauert nicht lange, so wird
sie mit einer leicht begreiflichen Freude bemerken, daß es ein
trügerischer Sieg ist, den der Mann über sie davongetragen
hat, und daß sie, je weniger sie ihm widerstehen wird, desto
vollständiger über ihn triumphieren wird.

Sieh nur, wie sie schon bald ihre Bewegungen aus dem
„Tempel“ wieder annimmt. Welch lange Röcke, ohne Taille,
schleppend, ähnlich denen der Madonnen, welch edle und stolze
Haltungen, welch graziöse, schamhafte Stellungen! Spare ihr
nur jede Ermüdung, vermeide ihr jede Aufregung. Es handelt
sich nicht mehr um Gefühlsfragen, wie bei dem jungen Mädchen,
um Sinnenrausch, wie bei der Frau: beide sind vorüber und
haben ihr Werk vollbracht. Achte die Mutter, bete sie an, diene
ihr! Alles Weibliche aus den beiden Familien, der deinigen
und der ihrigen, gruppiert sich um sie, um sie von dir loszu-
trennen. Sie ist so unerfahren, so zartfühlend. Nicht ihr allein
könnte eine Unvorsichtigkeit verderblich werden; das Kind ist da!
Ihr seid nunmehr zu dreien; — vergiß das nicht.

Für den Augenblick steht deine Frau im Begriffe, ihre
letzte Metamorphose durchzumachen und Mutter zu werden.
Wenn die Mutterschaft ihr gefällt (und das wird sie erst erfahren), so sei unbesorgt, sie wird dieselbe wieder von dir fordern;
gefällt sie ihr nicht, so möchte ich nicht an deiner Stelle sein.
Einstweilen bist du nicht mehr in ihr, sondern das Kind.
Dieses Kind, das sie in ihrem Schoße trägt, sieht sie — sei

deſſen ſicher — nicht als euch beiden gehörend an; es ge=
hört ihr allein. Glaubſt du, ſie ſehe auch nur eine Minute
deine und ihre Handlung in dieſem Werke der Erzeugung als
gleich an? Biſt du es, der ſein Schamgefühl geopfert hat?
Wirſt du bis in die Eingeweide zerriſſen werden? Wirſt du
dadurch die Grazie deines Körpers und die Vollkommenheit
deiner Geſtalt verlieren? Kannſt du dadurch in Lebensgefahr
kommen? Nein, dieſes Kind gehört ihr und zwar ihr allein;
übrigens wirſt du es ſchon ſehen, ſobald es auf der Welt
ſein wird.

Das Kind erblickt zum erſtenmal das Licht, die Mutter
kommt wieder zu ſich. An wen denkt ſie da? An dich? Nein,
an den Kleinen. „Iſt es ein Mädchen? Iſt es ein Junge?
Zeiget mir ihn, den teuren, ſüßen Engel." Und dann, wenn
ſie ſich zu dir wendet: „O, ich habe viel gelitten, ich glaubte,
du würdeſt mich nicht mehr wiederſehen. Wie wirſt du mich
jetzt lieben, mich verſorgen, mich pflegen müſſen, denn du
weißt, ich werde das Kind nähren, ich habe mich dazu ent=
ſchloſſen."

Das Kind ſtillen! Aber das wird zehn, zwölf Monate
lang dauern. Du gehſt zum Arzte. Er muß deine Frau zu
bereden ſuchen. (Du wirſt ſchon nicht mehr allein über ſie
Meiſter.) Aber ſie bleibt dabei. Sie würde ſich ewig Vorwürfe
machen, ihre Pflicht nicht erfüllt zu haben, und wenn dem
Kinde etwas geſchähe — ſagt ſie —, ſo würde ſie ſich es nie
verzeihen; nichts iſt beſſer für ein Kind, als die Milch ſeiner
Mutter; es genügt nicht, das Kind auf die Welt zu bringen,
man muß ihm auch das Leben geben u. ſ. w.

Was kannſt du dagegen einwenden? Nichts. Das wird
ein Jahr dauern. Wenn du dich ſo lange gut geſchickt haſt,
darfſt du dann wieder Vater werden? Nein, dann kannſt du
ſie wieder zur Mutter machen.

Du ſenkſt den Kopf; da biſt auch du beſiegt durch das
Weibliche, das Ewig-Weibliche. Es hat ſich deiner bedient für

das Werk, das es vollbringen will. Es zieht dich an, es ver=
führt dich, es gebraucht dich, es entfernt dich, es nimmt dich
wieder oder setzt dich beiseite, je nach den Bedürfnissen seiner
Bestimmung oder seiner Thätigkeit. Und wisse wohl, daß es
immer dasselbe ist, wo du auch der Frau begegnen magst. Sie
nimmt dich nie beinetwegen, sondern immer nur ihretwegen."

IV.

„Tue-la!“ („Töte sie!“)

Dumas hat im vorhergehenden zuerst den Fall besprochen, wo Mann und Frau „harmonisch" sind, d. h. in Bezug auf Charakter und sonstige Eigenschaften so weit übereinstimmen, als es gemäß ihm im günstigsten Falle möglich ist. Die Frau, von der die Rede ging, ist nach seinem Ausdruck die „femme supérieure", die höhere Frau, und wenn der Mann, den sie findet, „wissend" ist, so entsteht aus ihrer Verbindung „l'homme-femme de la création première", d. h. die Vereinigung von Mann und Frau, so wie sie in der Idee der Schöpfung lag.

Nun aber sind nicht immer die erwähnten Bedingungen vorhanden. Es entstehen sehr häufig Komplikationen und Schwierigkeiten, und es ist daher notwendig, zu untersuchen, worin diese bestehen und wie dieselben vermieden oder unterdrückt werden können.

Was die Ursachen betrifft, so kommt die erste, die Dumas bespricht, meiner Ansicht nach wenig in Betracht. Er glaubt nämlich, infolge der Vermischung der Rassen seien viele Frauen in Verhältnisse und Lebensstellungen geraten, in die sie ihrer ersten Abstammung gemäß nicht gehören und in denen sie nicht bloß nichts Gutes leisten können, sondern auch noch sich als hinderlich und schädlich beweisen müssen.

Jene Ansicht mag einiges für sich haben, aber jedenfalls besteht die Hauptschwierigkeit darin, daß die Klassifikation, wie

sie gemäß Dumas in der Gesellschaft besteht, eine rein künstliche, rein äußerliche ist, und daraus die falschesten und wider-
sprechendsten Verhältnisse entstehen können. Wenn Dumas
hierbei auch vor allem die französischen Verhältnisse im Auge
hat, so lassen sich seine Ideen in ihrer Allgemeinheit doch auch
fast sonst überall anwenden.

Wie oft geschieht es, daß die Frau in der Ehe unzufrieden
ist, wie Madame Bovary, die typische Repräsentantin der Ehe-
brecherin, oder daß das böse Blut in ihren Adern, der rein
sinnliche Instinkt derart vorherrscht, daß sie alle Pflichten und
Rücksichten beiseite läßt und ihrem Gutdünken nach lebt, d. h.
ihren Mann vernachlässigt und sich anderswo den größtmög-
lichen Genuß zu verschaffen sucht.

Der Ausgang, den solche Verhältnisse schließlich haben, ist
sehr verschieden, denn er ist nicht immer tragisch. Wer solche
Fälle nicht aus Erfahrung oder aus Anschauung kennt, lese
die französischen Romane, die ja oft genug solche Geschichten
behandeln; die werden ihn unterrichten.

Die letzte Ursache, durch welche die unglücklichen Ehen
verschuldet werden, resp. fortdauern, besteht nach Dumas in der
Erziehung der Frau und in der Unauflösbarkeit der Ehe.

Dumas verlangt jedoch sonderbarerweise, daß man die
Erziehung des Mannes abändern soll, nicht aber die der Frau.
Man zeige dem Manne zuerst, weshalb er auf der Welt ist,
und dann wird auch die Frau verstehen, weshalb sie dem
Manne unterthan sein muß. Die Erziehung kann den Mangel
an Harmonie zwischen den Gatten vermeiden, aber wenn einmal
diese Übereinstimmung fehlt, so muß es doch möglich sein, eine
für beide Teile passende Lösung zu finden, und das ist die
Ehescheidung. Auf diese werden wir im folgenden Kapitel
ausführlich zurückkommen.

Die Ehe — führt Dumas weiter aus — ist im Grunde
genommen ganz zu gunsten der Frauen eingerichtet. Sobald
eine Frau verheiratet ist, ist sie viel unabhängiger, als sie

als junges Mädchen war; sie kann ihrem Gatten außerdem
Kinder unterschieben, der Mann aber kann ihr keine außerehe-
lichen Kinder aufbrängen. Das ist der Grund, sagt Dumas,
weshalb ein Mann immer freigesprochen wird, wenn er seine
ehebrecherische Frau in flagranti erwischt und auf der Stelle tötet.

Dieses giebt Dumas Veranlassung, verschiedene Fälle, die in
Frankreich Aufsehen erregten und die ihn eigentlich veranlaßten,
die Broschüre „L'Homme-Femme“ zu schreiben, zu besprechen
und gewisse Schlußfolgerungen, so wie sie mit seiner eigenen
Moral übereinstimmen, daraus zu ziehen. Er holt dabei allzu-
weit aus, als daß man ihm in all' seinen Ausführungen folgen
könnte. Am merkwürdigsten ist der Schluß seiner Broschüre,
welcher das berüchtigte „Tue-la!“ enthält, und welchen ich
hier ganz wiedergeben will.

„Die Religionen, die philosophischen Systeme, die Wissenschaften, die Litteratur, die Geschichte, die Erfahrung, die Arbeit,
der Schmerz, die Beobachtung unserer Nebenmenschen, die Kritik,
alle Strömungen des Geistes, des Herzens und der Seele haben
uns eine Menge kontradiktorischer Begriffe zurückgelassen, Gold
und Schlamm, disparate Materialien, mit Hilfe derer wir aber,
bevor wir sterben, unser Leben einrichten müssen. Was mich
anbelangt, so lasse ich mich durch nichts bethören, durch nichts
beeinflussen; weder Ehrgeiz, noch Stolz, noch Geld vermögen
mich etwas sagen zu lassen, was ich nicht denke, oder mich zu
verhindern, meine Gedanken auszusprechen. Ich bekenne mich
zu keiner Lehre, zu keiner Sekte, zu keiner Koterie, in einem
Worte: ich bin frei in der ewigen Bedeutung des Wortes, und
ich weiß, was ich sage. Ich ziehe mich zurück, ich sammle mich,
ich steige den Berg hinauf und schaue mit redlichem Auge
hinunter, ringsum, hinüber und noch weiter hinaus.

Und ich sehe immer dasselbe Schauspiel.

Da unten die Städte, das Geräusch, die Erde, die Menschen,
die durch alle möglichen Mittel das Glück zu erreichen suchen;

ringsherum die Natur, regelmäßig, fruchtbar, schweigsam, unempfindlich, wohlbestellt, verhüllt, aber erforschbar;

darüber der Himmel, glänzend von Geheimnissen, unermeß= lich, unendlich;

darüber hinaus das Unbekannte, in welches jede Religion ein Versprechen hingestellt hat, in welchem jede Philosophie ein Geheimnis angenommen hat, und um welches der Mensch sich schließlich doch nur bekümmert, wenn er in dasselbe eintreten soll. Frei von jeder irdischen Beschäftigung und jedem irdischen Einfluß stehe ich da im Centrum selbst des allgemeinen Lebens, und die ganze Schöpfung spricht zu mir Atom, gerade wie sie zu Noe auf dem Berge Ararat sprach, zu Moses auf dem Berge Sinaï, zu Jesus auf dem Ölberg, wie sie zu dem Niedrigsten der Sterblichen spricht, wenn er entschlossen ist, sie zu hören und ihr zu glauben.

Wenn ich nun einen Sohn hätte, so würde ich ihn, sobald er das einundzwanzigste Jahr erreicht hätte, auf diesen Berg führen und zu ihm sagen:

Du kennst jetzt schon exakte und positive Wissenschaften, welche viele Menschen nicht kennen, eine Menge Sachen, welche ich selbst nie gekannt habe und welche ich nie kennen lernen werde, da meine Jugend sich zu sehr nach allen Seiten zer= streute und ich den Anfang meines reifen Alters damit zubrachte, die Bruchstücke derselben zu sammeln, um mein Leben darauf zu gründen, über mich selbst nachzudenken und mich zu ver= stehen. Den Schatz von Kenntnissen, welchen du erworben hast, wirst du mit Hilfe von ein wenig Aufmerksamkeit, Methode und Ausdauer fortwährend vermehren. Das ist dein irdisches Gebiet, beute es nach Gutdünken aus, doch handle selbstverständ= lich immer mit Rücksicht auf die Fortschritte der Menschheit, welcher du angehörst.

Du bist jetzt einundzwanzig Jahre alt. Das Gesetz, welches dich als großjährig erklärt und dich folglich Herrn deiner

Handlungen sein läßt, selbst wenn sie in Widerspruch mit den
meinigen stehen, das Gesetz, welches dich von heute ab an den
Geschicken deines Landes teilnehmen läßt, dieses Gesetz verschiebt
bis zu deinem fünfundzwanzigsten Jahre dein unumschränktes
Recht, dich zu verheiraten, und das beweist, daß es die Leitung
der Frau als das Schwierigste für den Mann ansieht. Ich
habe also vier Jahre vor mir, um dich in dieser schwierigen
Sache zu unterrichten. Fangen wir einmal an. Wenn du
meinen Worten Glauben schenken willst, so werden wenige
Sätze genügen.

Du weißt wohl, daß du nicht bloß aus Blut, Muskeln,
Nerven und Knochen zusammengesetzt bist. Von diesem Körper,
welcher deine sichtbare Form ist und welcher dein fühlbares Ich
bildet, wird sicherlich eines Tages nichts mehr übrig bleiben,
und wenn das alles wäre, was du auf der Erde besitzen solltest,
so ständest du an Stärke dem Löwen, an Größe der Eiche, an
Lebensdauer dem Karpfen nach. Du lebst also noch anders als
durch deine Organe, und das ist der Anfang deiner Überlegenheit
über die andern Geschöpfe. Du denkst, du verstehst, du fühlst,
du erinnerst dich, du empfindest Reue, du hoffst, du leidest,
du liebst, du hassest glücklicherweise nicht, aber es hallen doch
tausend Eindrücke in dir wieder, verketten sich, verbinden sich
und leben in einem andern unsichtbaren Dir, welches in deiner
beschränkten Form enthalten ist, ohne jedoch von ihr eingeschränkt
zu werden.

Du bist also nicht bloß in dem, was du bist, sondern
auch in dem, was außer dir ist; du bist nicht bloß ein Teil
der materiellen Schöpfung, mit welcher du in einer bekannten
Verbindung stehst, sondern auch ein Teil einer andern, in ihrer
Form unfaßbaren Schöpfung, welche jene Welt der Ideen und
der Gefühle bildet, der wir den Namen Seele gegeben haben.
Durch die erstere Schöpfung weißt du, daß du allem gleich bist,
was um dich geboren ist, was lebt, sich fortpflanzt und stirbt;
durch die zweite fühlst du dich all dem überlegen, da du dich

unwillkürlich zu dem hingezogen fühlst, was ewig und unendlich ist, zu dem Schöpfer selbst, der, als er dich mit einer Seele begabte, dir nur ein unnützes und gefährliches Geschenk gegeben hätte, wenn die Seele nicht das Bedürfnis in sich spürte, ihn kennen zu lernen und sich mit ihm zu identifizieren.

Sollst du nun, da du die Form dieses Schöpfers weder dir vorstellen, noch sie definieren kannst, daraus schließen, daß er nicht existiert? Kannst du dir die Form, den Sitz, den Mechanismus deines Gedankens, deines Schmerzes, deines Gedächtnisses, deines Lebens besser vorstellen und definieren? Du müßtest denn auch annehmen, daß dein Gedanke, dein Schmerz, dein Gedächtnis und dein Leben nicht existieren und daß die, welche sagen, sie dächten, litten, hätten ein Gedächtnis und lebten, Narren seien, während sie es im Gegenteil nur dann sind, wenn sie aufhören zu denken, zu leiden, sich zu erinnern und in diesem undefinierbaren Leben sich zu bewegen. Sobald tausend Sachen durch ihre Wirkungen evident sein können, ohne in ihrer Form evident zu sein, wird der unsichtbare Schöpfer durch seine formelle Schöpfung evident, wie mein Gedanke, mein Schmerz, mein Gedächtnis, mein Leben durch die sichtbaren Äußerungen, die ich davon gebe. Überall, wo diese Idee Gottes noch nicht oder nicht mehr ist, herrscht nur Finsternis, Verwirrung und Barbarei. Ich bin, weil er ist; er ist, weil ich bin.

Wenn der Schöpfer, indem er uns diese uns eigene Seins= weise verlieh, uns nur das Gefühl, die Überzeugung, aber nicht die genaue Kenntnis seines formellen Wesens zuerkannte, so kommt das daher, daß diese genaue Kenntnis sich nicht mit dem untergeordneten Werke, das wir zu verrichten haben, ver= einigen läßt. Wenn wir Gott in seinem ganzen Wesen kennen würden, so wollten wir seine Diener nicht mehr sein, sondern -wir wären ihm gleich. Das ist es eben, was gemäß der Tradition der erste Mensch wollte, als er heimlich vom Baum des Guten und des Bösen aß. Die Menschheit hat diesen Wunsch geerbt, aber sie ist nicht einig in Bezug auf die Mittel.

Es giebt aber ein Mittel, denn das Wort Jesu hat uns dasselbe ein für allemal gegeben. Deshalb habe ich dich, mein teurer Sohn, in der Tradition der Bibel und in der Moral des Evangeliums aufgezogen. Ich habe dir gesagt, es gebe nur einen Gott, ich ließ dich ihn bewundern und verehren; ich habe dir gezeigt, was ein Vater und eine Mutter ist, und was du ihnen in deinem Herzen schuldig bist; ich habe dich ver= hindert, andern das zuzufügen, was du nicht wolltest, daß sie dir zufügen sollten, und ich habe dich gelehrt, deinen Nächsten wenn nicht zu lieben (denn das lernt man nicht sofort), so doch wenigstens zu achten, wie dich selbst, und ihm nach Möglichkeit zu helfen. Du hast nie das Gut eines andern genommen, und du bist nie deinem Worte untreu geworden; wenn du schließlich von der Frau eines andern versucht worden bist, so hast du dank deiner Beschäftigung und deinem Willen der Versuchung widerstanden, bist keusch geblieben, und jetzt stehst du gläubig, stark und jungfräulich vor der Liebe und folglich vor der Ehe.

Jetzt, da du dein Verhältnis zum Schöpfer und zur Schöpfung gut kennst, jetzt, da du den Sinn deines irdischen Daseins erfaßt hast, fühlst du vielleicht die Kraft in dir, zum Weiblichen zu sagen: „Was ist gemein zwischen dir und mir?" und dich in deinem ganzen Wesen einzig und allein der Liebe der unvergänglichen Dinge, nämlich der Liebe Gottes, der Natur, der Menschheit, der Wissenschaft, der Kunst zu widmen? Wenn du so weit bist, mein Sohn, so brauche ich dir nichts zu sagen; das Problem ist gelöst, und ich verbeuge mich vor dir, indem ich zugleich dem Weibe danke, welches mich in dem Werke eines solchen Sohnes unterstützt hat. Wenn aber das Übermaß des in dir enthaltenen Lebens sich auszubreiten und sich in eine andere Form als die deinige auszugießen verlangt, wenn du das Bedürfnis empfindest, zu lieben und geliebt zu werden, nicht bloß in deinem Herzen, sondern mit deinen Sinnen, und wenn du glaubst, wie so viele andere nützliche und große Männer es auf Kosten der Freude oder des Schmerzes gethan haben, die Liebe mit deiner Bestimmung als Mensch vereinbaren zu können, so suche die Liebe nicht anderswo als in der Ehe: die Liebe ist nur in der Ehe, weil nur in dieser Achtung zu finden ist. Die Liebe ohne Achtung kann nämlich nicht weit gehen, noch sich hoch erheben. Sie ist ein Engel, der nur einen Flügel hat.

Nun aber wirst du um dich sagen hören, ein civilisierter Mann müsse vor seiner Ehe Frauen gekannt haben und wäre es auch nur, um die Frauen kennen zu lernen und nicht un= geschickt, lächerlich und wehrlos vor derjenigen zu erscheinen, welche er heiraten wird. Was du da sagen hörst, ist nicht wahr. Nicht durch den physischen Besitz lernt man die Frauen kennen. Je mehr die Frauen außerhalb der Ehe die Geheim= nisse ihres Körpers verraten, desto mehr bewahren sie die ihrer Seele. Eine Frau, welche einen Liebhaber hat, verheimlicht ihm immer etwas. Der erste beste intelligente und keusche Priester kennt, wenn er sechs Monate lang Beichte gehört hat, die Frauen besser, als Don Juan mit seiner Liste von tausend und drei. Übrigens wären die Frauen, welche du so kennen lernen würdest, entweder unehrliche Weiber, welche dich von deinem Wege ableiten würden, oder ehrliche Frauen, welche du ver= führen würdest. Die ersteren würden dich daher nur die Frauen im allgemeinen, die andern nur dich selbst verachten lehren. Wenn du einer Frau begegnest, sei es nach oder vor deiner Heirat, so mache, was du kannst, um sie sich wieder erheben zu lassen, wenn sie unten ist, aber erniedrige sie nie, wenn sie oben ist. Es giebt nichts Schöneres auf der Welt, als eine anständige Frau. Wenn du dir das merkst, so bist du in jener Frage so bewandert, wie irgend ein anderer Mann.

Verheirate dich also in irgend einer Klasse, aber gieb acht, daß die, welche du heiratest, gläubig, keusch, arbeitsam, gesund und fröhlich, doch ohne Ironie sei. Heirate nie ein spöttisches Mädchen; die Spottlust ist bei der Frau ein Symptom der Hölle. Lerne die Eltern gut kennen. Wie die Eltern, so die

Kinder. Das ist immer der Fall; wenn es eine Ausnahme von dieser Regel giebt, so ist die Ausnahme nur scheinbar und rührt daher, daß man schlecht beobachtet hat. Hüte dich, deiner Frau die Mutterschaft aufzubrängen; sorge dafür, daß sie dieselbe zuerst verstehe und wünsche. Rühme sie nur in ihrem Wert als Gattin und in ihrer Thätigkeit als Mutter; aber sie möge Mutter sein in der vollen Bedeutung des Wortes, und zwar so oft als möglich. Zahlreiche Kinder einer Mutter, wie sie, und eines Vaters, wie du, sind nicht bloß der Segen der Familie, sondern ein lehrreiches Beispiel, und ein gutes Beispiel ist mehr wert, als eine Lehre, wahrscheinlich weil es schwieriger ist, ein gutes Beispiel zu geben, als eine Lehre zu erteilen. Jeder, der sein Privatleben nicht in Übereinstimmung bringt mit den Prinzipien, welche er lehrt, oder mit den Ratschlägen, welche er erteilt, ist ein Heuchler oder ein Narr, dem man den Rücken drehen soll. Hätte Jesus sich damit begnügt, seine bewunderungswürdige Moral zu lehren, ohne sie selbst in Anwendung zu bringen, so hätte er seine Religion nicht begründen können; er hätte nur eine Lehre auseinandergesetzt, welche mit ihm gestorben wäre. Er war göttlich durch die Übereinstimmung seines Lebens mit seinen Vorschriften.

Sei also selbst ebenso tadellos, wie du es von deiner Gefährtin verlangst, damit du ihr keinen Verdruß verursachest und ihr keine Entschuldigung in die Hand gebest. Führe sie ehrlich in deine menschliche und göttliche Bestimmung ein, damit, wenn du sterben solltest, bevor deine Kinder imstande sind, sich selbst zu leiten, sie keines andern Mannes zu dieser Erziehung bedürfe, und daß sie Mutter und Vater werde, d. h. den höchsten Grad erreiche, den eine Frau nur erreichen kann.

Sorge dafür, daß sie das Leben begreife: es ist sehr einfach. Erkläre ihr den Tod: es ist leicht zu sterben, wenn man das Leben so verwendet hat, wie man es verwenden soll. Sie möge sich recht wohl merken, daß Leben und Tod nur Mittel zur Ewigkeit sind, für welche ihr beide bestimmt seid und wo nichts mehr euch trennen wird, da ihr als Mann und Weib in einer Liebe vereinigt waret und nur eins ausmachtet. Vergiß nicht, daß du, indem du sie als Gehilfin nimmst, dich verpflichtest, für sie Gatte, Freund, Bruder, Vater und Priester zu sein. Außer dir darf kein anderer Mann mehr in ihre Seele bringen, selbst wenn er mit irgend einem besonderen Charakter bekleidet ist. Was Voltaire auch sagen mag, es ist nicht unsere Leichtgläubigkeit, welche den Priester mächtig macht, sondern unsere Unwissenheit, welche ihn unentbehrlich macht. Einmal im Zustand des Bewußtseins bedarfst du keines Vermittlers mehr zwischen deinem Gott und ihrem Gott, welcher derselbe ist in dir und durch dich. Bist du endlich unter denen, welche „wissen", so beweise es, indem du die drei Seiten des Dreiecks „Gott, Mann und Weib" zusammenbringst und verbindest.

Wenn du nun aber trotz deiner Vorsichtsmaßregeln, deiner Erkundigungen, deiner Weltkenntnis, deiner Tugend, deiner Geduld und deiner Güte durch den Schein oder durch List getäuscht worden bist; wenn du deinem Leben ein unwürdiges Geschöpf beigesellt hast; wenn du vergebens versucht hast, aus ihr die Gattin zu machen, welche sie sein soll, und du sie nicht durch die Mutterschaft, diese irdische Erlösung ihres Geschlechtes hast retten können; wenn sie nicht mehr auf dich hören will, weder als Gatten, noch als Vater, noch als Freund, noch als Herrn, und nicht bloß deine Kinder verläßt, sondern mit dem ersten besten Manne noch andere ins Leben rufen geht, welche ihre verfluchte Rasse in dieser Welt fortsetzen werden; wenn nichts sie verhindern kann, deinen Namen mit ihrem Körper zu prostituieren; wenn sie dich in deiner menschlichen Bewegung einschränkt; wenn sie dich in deiner göttlichen Thätigkeit aufhält; wenn das Gesetz, welches sich das Recht genommen hat, zu binden, sich dasjenige zu lösen nicht zuerkennt und sich ohnmächtig erklärt, so erkläre du dich selbst persönlich und im Namen deines Herrn zum Richter und Vollzieher dieser Kreatur. Sie ist keine Frau, sie gehört nicht in den göttlichen Schöpfungs-

plan, sie ist rein tierisch, sie ist das Affenweib aus dem Lande
Nod, sie ist das Weib von Kain; — töte sie!

Das würde ich zu meinem Sohne sagen, wenn ich einen
hätte; aber diesen Sohn habe ich nicht. Mein Rat geht also
verloren, wie viele andere, denn nur den Kindern, die man
selbst gezeugt und erzogen hat, hat man das Recht so willkür-
liche und wahrscheinlich so verrückte Ideen wie die meinigen
einzuflößen."

———————

V.
Die Ehescheidungsfrage.

Die Ehescheidung wurde in Frankreich zum erstenmal ein=
geführt durch ein Dekret vom 20. September 1792, aber die
Gesetze vom 25. Dezember 1793 und vom 24. April 1794
erleichterten dieselbe so sehr und gaben Veranlassung zu solchen
Skandalen, daß das Gesetz vom 2. August 1794 die betreffenden Bestimmungen wieder aufhob. Der Code Napoleon (1803)
setzte im Titel VI des 1. Buches die Ehescheidung wieder ein,
jedoch nur mit den strengsten Einschränkungen. Am 8. Mai
1816 wurde sie wieder aufgehoben und blieb es auch trotz
mehrerer Versuche, die 1830 und 1848 gemacht wurden, bis
sie erst auf den Antrag des Abgeordneten Naquet (6. Juni
1876), der allerdings anfänglich zurückgewiesen wurde, durch
die Deputiertenkammer wieder eingesetzt wurde (27. Juli 1884).
Jahrelang hatte man in Frankreich über die Notwendigkeit,
die Nützlichkeit und die Zulässigkeit der Ehescheidung gestritten,
und Alexander Dumas' Werk „La Question du Divorce"
(„Die Ehescheidungsfrage") hatte wohl am meisten die Ent-
scheidung jener Frage beeinflußt.

Im Jahre 1879 war vom Abbé Vibieu, Doktor der
Theologie, ein Werk erschienen, das als Titel führte: „Famille
et Divorce" („Familie und Ehescheidung"), und in dem der
Autor alle Gründe zusammenstellte, die man gegen die Ehescheidung vorbringen kann. Dumas antwortete ihm in einem

geiftreichen Briefe, der jedoch die Ausdehnung eines Bandes von mehr als 400 Seiten annahm. Er behandelt in jenem Werke die gerade damals wieder auf der Tagesordnung stehende Frage mit einer seltenen Gründlichkeit; Schritt für Schritt folgt er seinem Gegner, und wo er nicht mit Thatsachen in der Hand ihn widerlegen kann, thut er es mit dem ihm eigenen Witze, der manchmal überzeugender wirkt, als alle andern Argumente. Man darf nämlich nicht vergessen, daß in Frankreich gewöhnlich derjenige recht behält, qui a les rieurs de son côté (der die Lacher auf seiner Seite hat).

Dumas ist ebensowenig Jurist oder Theologe, wie sein Vater es war, aber in Frankreich wunderte sich kein Mensch darüber, daß ein berühmter Dramatiker es wagte, sein einflußreiches Wort in einer Frage geltend zu machen, welche die Geister gerade damals aufs heftigste bewegte. „Wir Deutschen," schrieb im Jahre 1880 Eduard Engel, „die wir so glücklich sind, in der Ehescheidung die beste Schutzwehr für die Heiligkeit der Ehe zu besitzen, können nur durch eingehende Lektüre der französischen Streitschriften uns in den Gemütszustand unserer Nachbarn hineinversetzen, die trotz einer Unzahl von politischen Umwälzungen diese einfachste Reform des bürgerlichen Lebens nicht bei sich eingeführt haben. Einigermaßen haben freilich die Stücke Dumas', Sardous und anderer auch das deutsche Publikum mit den Ehegesetzen Frankreichs bekannt gemacht. Man weiß auch bei uns, daß man jenseits der Vogesen von seinem treulosen Weibe oder seinem Schurken von Ehegemahl unter keinen Umständen erlöst werden kann, — es sei denn, man wäre König von Frankreich oder Fürst von Monaco oder sonst ein der Kirche sehr angenehmer Sohn, dem zuliebe die weitherzige Mutter der Gläubigen ein Übriges thut. Aber ein armes Weib, dessen Mann auf die Galeeren kommt, ein Mann, dessen Gattin allenthalben Gastrollen als Messalina giebt, — sie beide sind in dem „aufgeklärten" revolutionären, republikanischen Frankreich verurteilt, zeitlebens ihr lebendiges Elend mit sich herumzuschleppen. Freilich e i n e Thür öffnet das französische Gesetz, aber diese auch nur dem Manne; es ermächtigt ihn, seine im offenen Ehebruch überraschte Frau zu töten, — daher das vielberufene „Tue-la!", was keineswegs eine Erfindung Dumas' ist, sondern im Paragraph so und so des weisen Code Napoleon, wenn auch etwas umständlicher ausgedrückt, zu finden ist. Tötet dagegen die Frau ihren schuldigen Herrn Gemahl, so schützt das Gesetz sie nicht, wohl aber die allzeit galante Jury."

Wie gesagt, jetzt ist es in bezug auf die Ehescheidung anders geworden in Frankreich, aber es ist doch merkwürdig, daß man so lange Zeit dieselbe entbehren konnte und so viele Köpfe sich gegen deren Einsetzung sträubten. Daß man jetzt allerdings sehr häufig Mißbrauch damit treibt, dürfte denen nicht unbekannt sein, die mit den Verhältnissen der französischen Gesellschaft näher vertraut sind. Es verdient auch konstatiert zu werden, daß das „Tue-la" noch immer in Frankreich angewandt wird, obschon der betrogene Gatte gegenwärtig die Möglichkeit hat, sich von seiner untreuen Ehehälfte scheiden zu lassen.

Dieses vorausgesetzt, wollen wir den geistreichen Ausführungen Dumas' in seiner „Question du Divorce" folgen und seine Argumente so kurz als möglich dem Inhalt nach wiedergeben. Allerdings verlieren sie hierbei viel von ihrem ursprünglichen Reiz, aber man kann schon aus einigen Auszügen ersehen, welch seltenen Genuß die Lektüre des Dumas'schen Werkes bieten muß.

Der Pariser Abbé, welchen Dumas widerlegen will, behauptet, die Ehe sei nicht das Werk des Menschen, sondern das Werk Gottes, der sie als eine einheitliche und unauflösliche Verbindung einsetzte. Dem gegenüber erinnert Dumas an das Wort der Bibel:

„Gott schuf also den Menschen nach seinem Ebenbilde, er schuf Mann und Weib. — Und Gott segnete sie und sagte zu ihnen: Wachset und mehret euch und erfüllet die Erde."

„Wie Sie sehen," bemerkt Dumas hierzu, „und Sie wissen es besser als ich, ist keine Spur von Liebe oder von Ehe, kein Sakrament, kein göttliches Versprechen, keine menschliche Verpflichtung darin enthalten; nichts anders wird bezweckt, als die Verbindung oder vielmehr die Vereinigung zweier Körper, von denen der eine dem andern entnommen ist, und die Bevölkerung der noch wüsten Erde. Daß die Einbildungskraft der Menschen bei der Erinnerung an ihre erste Liebe, sowie die Schwärmerei des katholischen Priesters, dem die Liebe und die Ehe jetzt untersagt sind, diesen Akt, welchem nach Aussage der Bibel wir alle unsern Ursprung verdanken, mit den Poesien ihrer Erinnerungen oder den Träumen ihrer Unwissenheit geschmückt haben, — dagegen habe ich nichts einzuwenden, aber dieser Akt bleibt nichtsdestoweniger in dem Gedanken und dem Willen Gottes, des besonderen Gottes, den Sie anrufen, des biblischen Gottes, ein bloßer Akt fleischlicher Verbindung und physischer Fortpflanzung."

Wie stand es aber später mit der Ehe, zu jener Zeit, wo Gott ein Bündnis mit Abraham schloß? Nach Vibieu „gab es nie glücklichere Ehen, als die jener ehrwürdigen Patriarchen, von denen uns die Bibel eine so poetische Darstellung giebt, und bei denen der Gedanke Gottes in hervorragender Weise gegenwärtig war".

Wie es sich mit dieser „poetischen Darstellung" der Bibel verhält, kann man schon bei einem bloßen Blick in dieselbe sehen. Dumas verfehlt denn auch nicht, dem Abbé entsprechende Auszüge aus derselben entgegenzuhalten.

Zuerst ist es Abraham, der seine Frau dem Könige von Ägypten überläßt, weil er fürchtet, getötet zu werden. Pharao aber giebt ihm seine Frau zurück und macht ihm Vorwürfe über sein Betragen; doch Abraham wiederholt dasselbe einige Jahre später mit Sichem, und obschon er im Bunde mit Gott steht, findet Gott doch nie etwas daran auszusetzen, denn bald darauf sagt er zu ihm:

„Ich werde dir und deiner Nachkommenschaft auf immer all das Land geben, welches du siehst.

„Und ich werde deine Nachkommenschaft zahlreich machen, wie der Staub der Erde; und wenn jemand den Staub der Erde zählen kann, so wird er auch deine Nachkommenschaft zählen.“

Damit aber Abraham eine Nachkommenschaft erhalten kann, müßte seine Frau Sarah ihm doch wenigstens ein Kind schenken, aber er hat bis dahin ein solches — selbst mit Hilfe Pharaos — nicht bekommen können. Da nahm, wie es in der Bibel heißt, „Sarah, die Frau Abrahams, die ägyptische Magd Agar und gab ihrem Manne sie zur Frau“.

Agar gebiert darauf Ismael und verachtet nunmehr Sarah. Diese beklagt sich darüber, und Abraham jagt deshalb Agar mit Ismael aus dem Hause. Gott aber ist nicht damit einverstanden und er schickt einen Engel zu Agar, sie solle mit ihrem Sohne in das Haus Abrahams zurückkehren. Gott macht dann Abraham folgende Verheißung: „Sarah, deine Frau, wird einen Sohn gebären, und du wirst ihn Isaak nennen.“

„Von da an,“ bemerkt Dumas, „leben die beiden Frauen in gutem Einverständnis, da Gott es so will, und das eheliche Kind, wie das uneheliche werden Recht auf dieselbe Liebe, dieselbe Erbschaft und dieselbe Nachkommenschaft haben. Wenn das geringste Mißverständnis entsteht, so schickt Gott seine Engel, damit seine Befehle ausgeführt werden, wie er es will. Ist das nicht eine treffende Antwort auf den Einwurf, daß die Kinder zweier verschiedenen Gattinnen nicht zusammen leben könnten?“

„Aber das alles ist noch nichts,“ fährt Dumas fort, „und wenn der Enkel Abrahams, namens Jakob, sich verheiraten will, wird noch etwas ganz anderes geschehen.“ In der That lassen die Citate, welche er aus der Bibel anführt und die ein jeder dort selbst nachlesen kann, es erklärlich erscheinen, daß er ironisch darüber lächelt und schließlich erklärt, das alles beweise nichts, denn er glaube kein Wort von all jenen Texten; es war ihm eben nur darum zu thun, den Pariser Abbé auf dem von ihm selbst gewählten Standpunkte zu widerlegen.

Die Ehescheidung bestand schon zur Zeit der Apostel, und auch in den folgenden Jahrhunderten, sowie das ganze Mittelalter hindurch kamen sehr häufig Fälle von Ehescheidungen besonders bei Fürsten und Herrschern vor. Dumas führt zahlreiche diesbezügliche Fälle an, die er übrigens einer Broschüre des Dr. Arsène Drouet entlehnt. „Wenn ich diese Fälle citiere, in denen die Kirche sich selbst widersprach," sagt er, „so geschieht es keineswegs für das Vergnügen und den leichten Triumph, die Kirche im Fehler zu finden. Die Kirche, wie jede menschliche Einrichtung, befand sich oft, sehr oft in Verlegenheit zwischen ihren absoluten Prinzipien und ihren zeitweiligen Bedürfnissen, und sie suchte sich aus der Klemme zu ziehen, so gut sie eben konnte, nämlich mit menschlichen Mitteln. Die Kirche hätte eben fortfahren sollen, die Ehescheidung zuzulassen, wie sie es anfänglich that, und wäre es auch nur in dem auch von Moses und Jesu anerkannten Falle eines Ehebruchs gewesen. Da nämlich die Kirche die Ehescheidung verwarf, gab sie dem Manne das Recht, die zwei Gebote Gottes: „Du sollst deinen Nächsten lieben wie dich selbst" und „Du sollst nicht töten" zu übertreten, denn da die Männer nicht zugeben wollten, daß man sie zwingen könne, auf immer mit der Frau verbunden zu bleiben, welche das eheliche Bett geschändet hatte, und da sie kein Gesetz zur Verfügung hatten, welches ihnen erlaubte, diese Frau ganz einfach fortzuschicken und eine andere zu nehmen, so kamen sie auf die Gewaltthätigkeiten der heidnischen Völker zurück, indem sie die Schuldige mit dem Tode bestraften, obschon sie nur ganz selten der Frau dieselben Rechte ihnen gegenüber einräumten, wenn die Übertretung auf ihrer Seite war. Diese Strafe, an und für sich schon fürchterlich, war in gewissen Ländern mit scheußlichen Grausamkeiten verbunden und bewahrte nicht mehr den Charakter einer unparteiischen, regel-

mäßigen Gerechtigkeit, sondern nahm vielmehr den einer persönlichen Rache an."

Dieses veranlaßt Dumas, die verschiedenartigen Strafen,
welche bei den meisten Völkern auf den Ehebruch gesetzt waren,
der Reihe nach durchzugehen. „Das ist manchmal sonderbar,"
sagt er, „aber immer merkwürdig, und man ersieht daraus, wie
die Menschen fortwährend und überall jenes göttliche Gesetz der
zwei Körper, die nur mehr einen bilden und gemäß der Kirche
sogar durch den Ehebruch nicht mehr getrennt werden können,
ausgelegt haben."

Es würde uns zu weit führen, jener langen Aufzählung
zu folgen; am Schlusse derselben bemerkt Dumas:

„In Frankreich endlich kann die ehebrecherische Frau zu
einer Gefängnisstrafe von zwei Monaten bis zu zwei Jahren
bestraft oder von ihrem Gatten getötet werden, wenn er sie auf
frischer That ertappt.

„In allen Ländern, in denen die Ehescheidung besteht, in
England, Deutschland, Amerika, Schweden, Norwegen, Holland,
Belgien, der Schweiz, Rußland, Dänemark, Griechenland und
im protestantischen Teile von Österreich läßt das Gesetz weder
Grausamkeiten, noch den Mord zu; und da in den katholischen
Ländern, wo die Ehe nur ein Sakrament ist, die Ungültigkeits-
erklärung die Ehescheidung ersetzt, so folgt daraus, daß in ganz
Europa und Amerika die Ehe ohne Blutvergießen rechtmäßig
aufgelöst werden kann. Nur in Frankreich hat noch der eine
von den Gatten das Recht, den andern zu töten.

„Verstehen Sie auch, was das heißt?

„Also bei uns entweder zwei Monate Gefängnis oder der
Tod. Hätte man nicht den Beweis vor Augen, so könnte man
unmöglich einen solchen Widerspruch, eine so unglaubliche Verirrung der Gerechtigkeit, der Logik und des gesunden Menschen-
verstandes begreifen: ein Gesetz, das einerseits die vollständigste
Gleichgültigkeit und den Skepticismus der verdorbensten Nationen
besitzt, und andererseits alle Grausamkeiten der barbarischsten

Völker und der wildesten Stämme duldet, und sogar noch unter dem Gesetze der Luojaz steht, bei denen die Frau erst beim zweiten Ehebruch getötet wird."

Dumas weist besonders darauf hin, daß die verschiedenen auf den Ehebruch gesetzten Strafen „sich immer an dem Körper der Schuldigen vergreifen". Und indem er sich an seinen Widersacher wendet, fährt er fort: „Dieses kommt daher, Herr Abbé, daß das Strafsystem sich trotz Ihnen nicht um die Heiligkeit der Ehe kümmert. Was den Menschen in diesen Urteilen bestimmt, ist einzig und allein die menschliche Leidenschaft. Ich muß es Ihnen wohl sagen, da ja Sie und Ihre Brüder, die Ihr das Gelübde der Ehelosigkeit und Keuschheit gemacht habt, es nicht aus Erfahrung wissen könnt: was den Mann beim Ehebruch seiner Frau und die Frau beim Ehebruch ihres Mannes am meisten empört, ist nicht so sehr die Verletzung des moralischen Versprechens und der Bruch des Seelenbandes, als vielmehr die physische Einwilligung, die Hinreißung jenes Körpers, den man allein zu besitzen glaubte, die mit einem andern geteilte Berauschung der Sinne, und der Beweis davon ist, daß in der freien Verbindung der Kummer, das Gefühl der Erniedrigung, der Zorn und die Verzweiflung desjenigen, der betrogen wurde, genau so stark sind, wie in der durch die bürgerlichen Gesetze gebilligten und durch die religiösen Gesetze geheiligten Verbindung."

Seitdem die Ehescheidung in Frankreich abgeschafft ist, gesteht Vibieu selbst zu, haben sich die Sitten in Frankreich wenig gebessert; die Ehe wird nicht mehr so geachtet wie früher; sie ist zu einer Spekulation geworden; zwei Personen heiraten sich, ohne sich näher zu kennen, und bald wird ihnen das eheliche Leben zur Hölle.

„Aber gerade deshalb," erwidert ihm Dumas, „verlangen wir die Ehescheidung, weil die Ehe wirklich das geworden ist, was Sie schildern; weil kein Grund vorhanden ist, daß man nicht versuchen sollte, diejenigen aus der Hölle zu befreien, welche irrtümlicherweise, aus Unwissenheit oder gar aus Dummheit hineingeraten sind, und welche dort leiden, inmitten großer Gefahren für sich und für die andern; weil es eine verabscheuungswürdige Ungerechtigkeit ist, daß jene christliche Jungfrau, welche Sie einem gemeinen Wüstling preisgegeben zeigen, zur Verzweiflung, zur Unfruchtbarkeit, zum Elend, zur Einsamkeit, zu allen Arten von Opfern und Schmerzen, welche niemand das Recht hat, ihr aufzulegen, oder zum Ehebruch, zu welchem alles sie einladet, verurteilt werde, — und das alles, weil sie von einem unvorsichtigen Vater mit einem ehrlosen Manne verheiratet wurde. Und Sie, die Kirche, verlangen das, Ihr, die Ihr während mehr als fünfzehn Jahrhunderten die Herrschaft der Welt besaßet, die Ihr durch die Überredung, wie durch die Gewalt unsere Gesellschaft nach Euren Texten, Euren Prinzipien und Eurem Ideal bilden konntet, und die Ihr nur zu dem Resultat gelangt seid, welches Sie selbst eingestehen, in unserem Lande, wo die katholische Kirche noch die nominelle Religion der Majorität ist! Mit allen Ihnen zu Gebote stehenden geistigen und weltlichen Mitteln haben Sie nichts erreicht; lassen Sie uns daher ein anderes Mittel suchen. Dieses Mittel wenden diejenigen Nationen an, die sich von Ihrer Autorität getrennt haben, und jenes Mittel ist gut, wie es scheint, da bei diesen die Familie zahlreicher, gesitteter, einiger und geachteter ist, als bei uns, — denn niemand wird es Ihnen im Ernste glauben, daß alle Völker, bei denen die Ehescheidung besteht, weniger moralisch, weniger glücklich, weniger einig, weniger patriotisch und weniger stark sind, als die Franzosen, die Italiener, die Portugiesen und die Spanier.

„Nicht jetzt, wo wir noch ganz zerfleischt und erschüttert sind von den Niederlagen, welche die Landsleute und die Söhne Luthers uns beigebracht haben; wo jenes Volk, von dem ich, wie Sie, nur Böses sagen möchte (sic!), jenes protestantische Volk, welches Napoleon I. im Jahre 1809 von der Karte Europas auszustreichen drohte, innerhalb 60 Jahren durch seine

Energie, seine Gebuld, seine Zusammenwirkung, seine Einigkeit, in einem Worte durch seinen Patriotismus sich wieder in dem Grabe erhoben und entwickelt hat, daß es die umliegenden katholischen Länder besiegte oder verschlang, und daß es dem armen, kleinen Frankreich, welches Napoleon uns hinterlassen hatte und über welches die russischen, deutschen und englischen „Schismatiker" schließlich Meister wurden, zwei Provinzen wieder entriß; jetzt, wo Amerika während des Krieges gegen die abgefallenen Südstaaten der Union während drei aufeinanderfolgenden Jahren das Schauspiel des glühendsten Patriotismus gab, für welchen es seine teuersten materiellen Interessen aufopferte; jetzt, wo die Russen und die Türken, in dem Kampfe, welchen sie vor nicht langer Zeit gegen einander unternommen hatten, Angreifer wie Angegriffene, Sieger wie Besiegte, mit einer Hartnäckigkeit und einem Heroismus gekämpft haben, welche die Bewunderung der Welt erregten; wo die „Heiden", wie Sie sagen, sich in patriotischem Gefühle auf allen Seiten gegen die Herrschaft Englands empören, welches Armeen auf Armeen gegen sie schickt, ohne daß sein Handel, sein Wohlstand, seine Politik oder sein Einfluß darunter leidet; wo kleinere Länder, wie Schweden, Norwegen, Holland, Belgien und die Schweiz, uns ein Bild der Arbeit, der Moralität, der Einigkeit, des Glückes, der Achtung der größten Völker darbieten; — in Gegenwart von solchen Thatsachen dürfen Sie uns nicht sagen kommen, die Ehescheidung habe alle Völker, bei welchen sie infolge des „großen Skandals der Reformation" eindrang, entsittlicht, erniedrigt, verdorben, entwürdigt, geschwächt und der Entartung preisgegeben.

„Seien Sie versichert, Herr Abbé, daß wenn so viele Völker ein Gesetz, wie das der Ehescheidung beibehalten, sie Gründe dafür haben, daß diese Gründe vortrefflich sind und nicht, wie Sie sagen, einzig und allein einen Vorwand für jene Völker bilden, um ihren abscheulichen Leidenschaften freien Lauf zu lassen. Dieses Gesetz entsittlicht und erniedrigt sie nicht.

Kommt ein Fall vor, wo es nötig und gerecht ist, zu jenem Gesetze seine Zuflucht zu nehmen, so wendet man dasselbe an, die Tribunale urteilen über den Fall, wie über alle andern Vergehen, geben ein günstiges oder ein abfälliges Urteil, wie über jeden andern Gegenstand ab, und damit ist die Sache beendigt. Diese Fälle sind äußerst selten und verhindern die andern Familien nicht, christlich, moralisch und in vollständiger Eintracht zu leben, wenn sie verständig genug waren, eine ehrbare und wohlüberlegte Ehe einzugehen; das verhindert die Mütter nicht, ihre Kinder zu lieben, die Söhne nicht, Bürger zu werden, die Bürger nicht, Väter zu werden und ganz ehrliche, rechtschaffene Leute zu sein, ihren Herd und ihr Vaterland zu verteidigen, wenn es notwendig ist, und sich in den Wissenschaften, in der Industrie, im Handel, in der Kunst, der Moral und der Freiheit auszubilden und zu entwickeln."

Dumas giebt in der Folge noch eine ganze Reihe von Gründen an, welche für die Ehescheidung sprechen, aber er thut das so ausführlich und mit einer solchen Masse von Details, daß es nicht leicht möglich ist, seine Beweisführung ihrem Zusammenhang nach wiederzugeben. Ich wollte übrigens weniger die Notwendigkeit der Ehescheidung betonen, als vielmehr zeigen, in welcher Weise Dumas seinen Gegner widerlegt. Die Kirche mußte es offenbar bedauern, daß ein so unbedeutender Mann, wie Vibieu, einem so überlegenen Polemiker, wie Dumas, in die Hände geraten war.

VI.

Eine banale Geschichte.

„Ein junges, fleißiges Arbeitsmädchen, dessen Betragen bis dahin untadelhaft gewesen, hatte sich von einem jungen Manne, einem Beamten aus dem Geschäfte, wo es in der Lehre war, verführen oder vielmehr hinreißen lassen; es war schwanger geworden, und als der junge Mann das sah, hatte er es im Stich gelassen. Das ist der Anfang und die Mitte der Geschichte. Es ist etwas Altes, Banales, Bekanntes; die Sonne ist auch alt, banal, bekannt, und sie kommt immer wieder, und man entwöhnt sich ihrer nicht. Aber es fällt auf einmal dem Vater des jungen Mädchens ein, den herkömmlichen Ausgang abzuändern, der so alt, so banal, so bekannt war, wie die Sonne und der Anfang der Geschichte, und der für das junge Mädchen darin bestand, daß es sich abhärmte, daß es seine Schande in einer Ecke verbarg, daß es sein Kind mit seinen Mitteln allein aufzog oder ihm den Hals umbrehte, daß es sich selbst tötete oder sich der Prostitution hingab, — und das alles, weil die Gesetzgeber vergessen haben, ein Gesetz zu machen, das die Unschuld der Frauen, dieses moralische Kapital, beschützt, wie man das materielle Kapital beschützt, und das einen Mann, der ein Weib um seine Ehre bringt, bestraft, wie man den Dieb bestraft, der jemand eine Uhr oder einen Regenschirm stiehlt.

Es geschah also dieses Mal, daß die Sache eine andere Wendung nahm. Der Vater war ein sehr ehrenhafter Arbeiter;

er liebte sein Kind, und er wollte nicht, daß die Angelegenheit einen Ausgang nähme wie gewöhnlich. Er verbarg ein Messer unter seinem Rocke, ging den Beamten aufsuchen, fragte ihn, ob er seine Tochter heiraten wolle, und da derselbe es wiederholt verweigerte, stieß er ihm das Messer in die Brust. Das Leben des jungen Mannes war in Gefahr; man verhaftete den Mörder, und darobhin große Aufregung in Paris, — Untersuchung, — Prozeß.

Wenn man diesem besonderen Fall einige Aufmerksamkeit schenken will, wird man eine seltsame Thatsache bemerken. In diesem Prozeß war der Angeklagte, der Kläger, das Opfer, also jedermann schuldig, und doch mußte die Gerechtigkeit, obschon sie alle möglichen Gesetze gegen alle denkbaren Vergehen in der Hand hatte, sich öffentlich als ohnmächtig und unnüß bekennen.

Wir wollen sehen, wie das zuging.

Wir befinden uns im Saale des Assisenhofes. Nichts fehlt daselbst, damit das Recht geachtet werde, die Gerechtigkeit glänze, die Feierlichkeit imposant sei und das Urteil eine Wirkung hervorbringe: eine ungeheure Menschenmenge, welche von Polizeidienern zurückgehalten oder nötigenfalls hinausgewiesen wird, sobald sie es an Achtung für den Gerichtshof fehlen läßt, sobald sie protestiert oder Beifall klatscht; Gendarmen auf beiden Seiten des Angeklagten, damit er weder entfliehen, noch auf die Richter losstürzen, noch an sich selbst Hand anlegen kann; Advokaten, die herbeigekommen sind, um sich in ihrem Gewissen und ihrer Kunst aufzuklären, wie Studenten der Medizin sich um einen Leichnam in einem Amphitheater der Anatomie scharen; Räte in roten Amtskleidern, der General-Advokat, der die Klage vorbringen und die kompromittierte Moral und die Gesellschaft rächen soll; ein berühmter Advokat, der den Angeklagten verteidigen und retten soll; die Geschworenen, die unter den achtbarsten Bürgern des Stadtviertels durchs Los gewählt wurden; allegorische Bilder, welche das bestrafte Verbrechen, die beschützte Unschuld, Themis in blauweißem Peplum und die zwei Schalen

ihrer Wage im Gleichgewicht haltend darstellen; endlich im
Hintergrund des Saales, gegenüber dem Publikum, den Zeugen,
den Geschworenen und den Angeklagten, über den Richtern
und über allem: Christus sterbend für die Gerechtigkeit und die
Wahrheit, auf den die Zeugen und die Geschworenen schwören
werden, die einen, daß sie die Wahrheit und zwar nur die
Wahrheit sagen werden, die andern, daß sie die Gerechtigkeit
und zwar nur die Gerechtigkeit vor Augen haben werden.

Dieses vorausgesetzt, wollen wir in einigen Worten ein
philosophisches Resumé und die moralischen Schlußfolgerungen
des Prozesses geben.

Das Gesetz, vertreten durch den Präsidenten des Gerichts-
hofes, sich an das junge Mädchen wendend: Mein Fräulein,
Sie waren eine ehrliche und arbeitsame Person; jedermann be-
zeugt es.

Das junge Mädchen: Ja, Herr Präsident.

Das Gesetz: Sie wurden von diesem jungen Manne verführt?

Das junge Mädchen: Ja, Herr Präsident.

Das Gesetz: Er hatte Ihnen versprochen, Sie zu heiraten?

Das junge Mädchen: Ja, Herr Präsident.

Das Gesetz: Er hat Sie im Stich gelassen?

Das junge Mädchen: Ja, Herr Präsident.

Das Gesetz: Als er wußte, daß Sie schwanger waren?

Das junge Mädchen: Ja, Herr Präsident.

Das Gesetz: Und Sie sind sicher, daß er Sie ge-
schwängert hat?

Das junge Mädchen: Ja, Herr Präsident.

Das Gesetz: Sie schwören es?

Das junge Mädchen: Ich schwöre es.

Das Gesetz: Sie sind schuld an der Verzweiflung und
dem Verbrechen Ihres Vaters. Sie werden bald ein Kind auf
die Welt bringen das vaterlos ist, keinen Civilstand hat, wahr-

scheinlich keine Moral haben und keine Bildung genießen wird,
da Sie aller Hilfsmittel entbehren, — ein Kind, das eine Gefahr
oder eine Last für die Gesellschaft sein wird, — und das alles,
weil Sie Ihrer Leidenschaft. nicht zu widerstehen vermochten.
Was Sie da gethan haben, ist abscheulich, aber wir können es
nicht ändern. Setzen Sie sich wieder. -- Man führe den jungen
Mann herbei!

Das Gesetz, zum jungen Manne: Waren Sie der Liebhaber dieses jungen Mädchens?

Der junge Mann: Ja, Herr Präsident.

Das Gesetz: Waren Sie der erste?

Der junge Mann, nachdem er einen Augenblick gezögert:
Ja, Herr Präsident.

Das Gesetz: Haben Sie es schwanger gemacht?

Der junge Mann, abermals zögernd: Ja, Herr Präsident.

Das Gesetz: Und Sie weigern sich, es zu heiraten?

Der junge Mann, ganz entschlossen: Ja, Herr Präsident.

Das Gesetz: Sie weigern sich, Ihr Kind anzuerkennen?

Der junge Mann: Ja, Herr Präsident.

Das Gesetz: Sie haben ein junges Mädchen entehrt, Sie
lassen es im Stich nebst Ihrem Kinde. Es ist abscheulich, was
Sie da machen. Wir können nichts daran ändern. Setzen Sie
sich wieder. — Man lasse den Vater aufstehen.

Das Gesetz, zum Vater: Sie gestehen ein, daß Sie diesen
jungen Mann töten wollten?

Der Vater: Ja, Herr Präsident.

Das Gesetz: Weil er Ihre Tochter verführt hat?

Der Vater: Ja, Herr Präsident.

Das Gesetz: Und da haben Sie ein Messer genommen?

Der Vater: Ja, Herr Präsident.

Das Gesetz: Mit der Absicht, diesen jungen Mann zu
töten, wenn er sich weigerte, Ihre Tochter zu heiraten?

Der Vater: Ja, Herr Präsident.

Das Gesetz: Sie haben also mit Vorbedacht gehandelt?

Der Vater: Ja, Herr Präsident.

Das Gesetz: Und Sie haben ihm das Messer in den Leib gestoßen, mit der festen Absicht, ihn zu töten?

Der Vater: Ja, Herr Präsident.

Das Gesetz: Sie wollten sich selbst Recht verschaffen, aber das ist durch alle Gesetze verboten; Sie wollten töten, und das ist durch jede menschliche, wie göttliche Moral verboten; Sie haben mit. einem Messer nach jemand gestoßen, Sie haben freiwillig, ohne zu zögern und ohne daß es Ihnen leid gethan hätte, ein Verbrechen begangen, das mit dem Tode oder den Galeeren bestraft werden soll. Sie haben eine abscheuliche Handlung begangen, aber wir können nichts dagegen machen. Setzen Sie sich nicht mehr, denn Ihr könnt alle nach Hause gehen.

Aber was machet ihr denn da, Magistrate, Geschworenen, Gendarmen, Gerichtsdiener, Gesetzbuch, Gerechtigkeit, mythologische Allegorien, die ihr drohen und beruhigen sollt, und du, Christus am Kreuz? Wozu all dieser unnütze Apparat, all diese leere Feierlichkeit, all dieser Aufwand, all diese Umstände? Weshalb schickt ihr jene Individuen, die sich alle drei Vergehen und Verbrechen zu schulden kommen ließen, welche nicht bloß ihre eigene Ehre, ihre eigene Moral, sondern auch die allgemeine Moral und die Sicherheit der Bürger gefährden, weshalb schickt ihr sie schließlich nach Hause, ohne sie zu verurteilen, ohne sie zu brandmarken und sogar ohne ihnen eine Buße aufzuerlegen?

Ihr werdet mir antworten: „Weil das ein Ausnahmefall ist. Wir empfanden Mitleid mit diesem jungen Mädchen, wegen seines früheren guten Betragens, mit dem Vater, wegen der Ehrlichkeit seines ganzen Lebenswandels; angesichts der kalten Undankbarkeit und der cynischen Grausamkeit dieses jungen Mannes konnte er seinem Schmerz und seinem Zorn nicht widerstehen, — wir haben das eingesehen und ihn deshalb freigesprochen."

Nein, das sind nicht die wahren Gründe! Ihr gebet jene

Urſachen an, weil ihr die wahren Urſachen nicht angeben könnt
und nicht angeben wollt. Die richtigen Urſachen ſind dieſe:
Da ihr die wirklich Schuldigen nicht beſtrafen könnt, ſo ſeid
ihr notwendigerweiſe gezwungen, diejenigen freizuſprechen, deren
Verbrechen nur die direkte Folge dieſer Schuldigkeit iſt, die
nicht bloß nicht beſtraft wird, ſondern die ihr in gewiſſen
Fällen nicht unterſuchen und nicht einmal erwähnen dürft, die
ihr in einem Worte achten und als heilig anſehen müßt, gerade
wie den unbeſcholtenſten Ruf und das ehrwürdigſte Dogma.
Es giebt Fälle, wo ihr nicht einmal das Recht habt, den
Namen des wirklichen Schuldigen auszuſprechen, wo ihr nur
den Unſchuldigen beſtrafen könnt."*)

---

*) Die im vorſtehenden Kapitel von Alexander Dumas (in „Les
femmes qui tuent et les femmes qui votent") gleichſam ihrem abſtrakten
Inhalt nach erzählte Geſchichte iſt keineswegs von ihm erdacht. Es iſt
vielmehr eine ganz eigene Beſprechung des Falles Marambat, welcher
1875 lange Zeit viel Aufſehen erregte. Am 8. Oktober 1875 ſchrieb
Alex. Dumas an Georges Guéroult, den Chefredakteur der „Opinion",
einen intereſſanten Brief, in dem er vorſchlägt, durch ein Geſetz die Un-
ſchuld eines Mädchens als ein „Kapital" zu erklären, an dem ſich niemand
vergreifen dürfe, ohne einer ſtrengen Strafe zu verfallen; ein uneheliches
Kind müſſe den Namen des Vaters erhalten u. ſ. w. Wolle man das
aber nicht thun, ſo ſollte der Staat alle unehelichen Kinder übernehmen
und ſie mit der größten Sorgfalt erziehen laſſen. —

VII.

Die „gefallenen" Mädchen und die Vaterschaftsklage.

In Frankreich ist bekanntlich die Vaterschaftsklage im allgemeinen nicht zulässig, und alle bis jetzt gemachten Versuche, ein diesbezügliches Gesetz einzuführen, waren vergeblich.*) Als am 26. Mai 1883 der Abgeordnete Gustave Rivet bei der Deputiertenkammer einen diesbezüglichen Gesetzentwurf einbrachte, nahm Alexander Dumas Veranlassung, die für oder gegen denselben vorgebrachten Gründe eingehend zu erörtern.**) Er hatte die Frage eigentlich schon in bestimmten Fällen in seiner „Affaire Clémenceau" und dem „Fils naturel" behandelt, und er kommt jetzt noch einmal vom rein theoretischen Standpunkt darauf zurück. Die Lage der gefallenen Mädchen hat ihn von jeher interessiert, und da er anderweitig für die untreuen

---

*) Die Paternitätsklage besteht in der betreffs eines unehelichen Kindes auf Anerkennung oder wenigstens Ernährung durch den natürlichen Vater seitens der Mutter erhobenen Klage. Nach dem Vorgang des römischen Rechts bürdet das französische Recht die unehelichen Kinder der Mutter allein auf („Maternitätssystem"). Im modernen Rechte Deutschlands ist dagegen eine Klage auf Alimentierung unehelicher Kinder gestattet gegen denjenigen, welcher nachweisbar innerhalb der Zeit der unterstellbaren Empfängnis mit der Mutter des unehelichen Kindes geschlechtlichen Umgang hatte.

**) Cf. die Broschüre: Alexandre Dumas fils, la Recherche de la Paternité. Lettre à M. Rivet, député. Paris 1883.

Gattinnen so hart und grausam ist, so will er doch die ver=
führten Frauen in Schutz genommen wissen.

Wenngleich vom juristischen Standpunkt aus begründete
Einwürfe gegen das System der Vaterschaftsklage erhoben
werden können, so verdient doch anderseits das moralische und
natürliche Recht berücksichtigt zu werden, welches verlangt, daß
der Vater eines Kindes auch für dessen Erziehung und leibliche
Wohlfahrt sorge, wenn er den traurigen Mut nicht besitzt, dem
Kinde seinen Namen zu geben. In Deutschland und in andern
Ländern ist diese Frage längst geregelt, und man braucht sich
daher auch nicht zu wundern, daß Dumas seinem sonst so
„aufgeklärten“ Lande ganz bedeutungsvolle Vorwürfe macht.
Es ist übrigens charakteristisch, daß solche Reformen, wie die
Ehescheidung, die Vaterschaftsklage u. s. w. bei einer im übrigen
doch keineswegs engherzigen Nation auf einen so energischen
Widerstand stoßen.

Dumas reproduziert zuerst den oben erwähnten Gesetz=
entwurf nebst den dazu gehörigen Motiven, sowie einen längeren
Artikel des „Figaro“, in welchem hervorragende Schriftsteller
und Rechtsgelehrte ihre Ansicht über die Folgen eines solchen
Gesetzes ausdrücken. Im weiteren erwähnt er einen eigentüm=
lichen Fall, der am 28. Juni 1883 vor dem Appellhofe in
Paris verhandelt wurde, und an den er seine interessanten
Betrachtungen anschließt.

Es handelt sich in jenem Prozeß um ein Dienstmädchen,
das bei einem Verwandten, einem selbständigen Landwirte, in
Stellung war und von diesem zwei Kinder bekam. Anfänglich
erhielt es eine gewisse Unterstützung von ihm, später jedoch
nicht mehr (es hatte vor seiner letzten Niederkunft das Haus
verlassen), und da es noch minderjährig war, erhob dessen
Vormund eine Klage auf Schadenersatz. Der Landwirt wurde
denn auch in erster Instanz zur Zahlung von 6000 Franken
verurteilt. Er appellierte jedoch dagegen und wurde vom Appell=
hofe in Paris freigesprochen, weil das Mädchen ihm angeblich

keinen Widerstand entgegengesetzt hatte und dieses also den
Schaden für seinen Fehler zu tragen verpflichtet sei.

Zu diesem Falle macht nun Dumas folgende Bemerkungen:

„Jenes Mädchen war zwar Magd auf dem Lande, wo es
mit den gröbsten und brutalsten Burschen verkehren mußte, und
es hatte auch nur wenig Erziehung genossen, aber man hatte
ihm nur einen gewissen Leichtsinn vorwerfen können, den es
mit den meisten ähnlich gestellten Mädchen teilte, die seit ihrer
Kindheit gewohnt sind, die Kuh zum Stiere zu führen, und die
schon frühzeitig wissen, wie es sich mit allem verhält. Es ist
aber mehr als wahrscheinlich, daß jenes Mädchen sich jungfräulich in das Bett oder auf den Haufen Heu legte, von wo es
schwanger aufstehen sollte. Sein Meister und Verwandter, der,
wie der Bericht der „Gazette des Tribunaux" anzudeuten
scheint, denselben Namen G. trägt, schätzte es unter den andern
Mädchen verhältnismäßig so hoch, daß er ihm jeden Verkehr
mit den andern Dienstboten untersagte und es zweimal zur
Mutter machte. Hernach weiß er auch nicht eine Beschwerde
gegen dasselbe vorzubringen, er leugnet auch keinen Augenblick
seine doppelte Vaterschaft, aber er will keine Sorge für dessen
Kinder übernehmen, obschon er ihm eine Zeit lang eine Unterstützung gewährte. Da es dem guten Mann nicht mehr gefällt,
diesem Mädchen noch weitere Kinder aufzubringen, steht es ihm
ja frei, sich auch nicht mehr um die früheren zu kümmern. Er
erinnert sich gerade noch rechtzeitig daran, daß diese Kinder
unehelich sind und daß es ein Gesetz giebt, welches Väter von
seiner Art beschützt, und er kann getrost wieder mit einem
andern Mädchen anfangen.

„Jenes Mädchen hat aber einen Vormund, der eine Klage
wegen Schadenersatz anstrengt, da trotz der nicht zulässigen
Vaterschaftsklage unerlaubte Verhältnisse, welche Schwangerschaft
zur Folge hatten, ein „unvorsätzliches Vergehen" (quasi-délit)
— welches Meisterstück von Euphemismus! — bilden können.
Ein erstes Erkenntnis verurteilt diesen zweimaligen Vater zu

6000 Franken Schadenersatz. Meinen Sie etwa, er werde jetzt
ganz einfach zahlen und sich sagen, das sei nicht einmal für
einen ordentlichen Landmann zu viel, da er nun für immer
seiner Maitresse, seiner beiden Kinder und seiner Gewissensbisse
los sei? Doch nein! Das Jahr war schlecht, der Raps war
nicht geraten, das Getreide stand dünn, und unser guter Mann
appelliert gegen das Urteil. Da er weiß, daß man ihn nicht
zwingen kann, seine Kinder zu sich zu nehmen, hat er nur mehr
eine Idee, und zwar die, sein Geld wiederzubekommen, und es
findet sich sofort ein Tribunal, ein Appellhof mitten in Paris
und im vollen neunzehnten Jahrhundert, um zu erklären, die
Mutter und die Kinder seien die einzig Schuldigen und der
betreffende Mann habe gemäß dem Artikel 340 vollkommen
recht gehabt. Dieser Gerichtshof weist außerdem die Klage des
Mädchens ab und verurteilt es zu den sämtlichen Kosten erster
und zweiter Instanz. Es wundert mich nur, daß daraufhin
der Angeklagte nicht eine Rekonventions=, Verleumdungs= und
Schadenersatz=Klage gegen das Mädchen angestrengt hat wegen
der verursachten Belästigung, wegen der seinem Ansehen in der
Gemeinde zugefügten Schädigung und wegen der ihm in seiner
regelmäßigen Familie entstandenen Unannehmlichkeiten.

„Also dieser Mann schuldet nicht bloß dem Mädchen nichts
für die physischen Leiden, die er ihm auferlegte, indem er es
zur Mutter machte, für die Gefahren, denen er zweimal dessen
Leben aussetzte, für den Schaden, den er ihm in physischer und
moralischer Hinsicht zufügte, nicht bloß schuldet er seinen Kindern
nichts, die jetzt von der Arbeit oder der gezwungenen Prostitution ihrer verlassenen Mutter leben müssen, sondern diese muß
auch noch der Gerechtigkeit alle Kosten bezahlen, die ihre Reklamation veranlaßte. Und die Herren vom Gerichte warten
nicht. Also, mein liebes Mädchen, bezahle nur schnell, und
wenn du nicht bezahlst, wird man dich verfolgen, dir neue
Kosten machen, deine armen Möbel pfänden und verkaufen, mit
Ausnahme des Bettes, das du mit jenem Manne teiltest, und

des Strohsackes, auf dem deine Kinder schlafen, wenn sie über=
haupt mit hungrigem Magen schlafen können. Und wenn du
nichts mehr hast, wenn du in einem Anfall von Wut oder von
Verrücktheit den Kindern jenes Mannes den Hals umbrehst,
so wird man dich festnehmen, vor Gericht schleppen und nach
Noumea schicken. Es werden zwei Kinder weniger nnd eine
Zuchthäuslerin mehr auf der Welt sein, und jener Bauer wird
seinen Raps und sein Getreide weiterbauen, die das folgende
Jahr hoffentlich besser geraten werden. Und die Magistrate
werden ihre Pflicht gethan haben, die Moral wird zufrieden=
gestellt und die Gesellschaft gerächt sein.

„Aber das ist noch nicht alles. Die Magistrate sind in
unserm Lande einer gewissen feinen Ironie nicht abhold, und
deshalb fügt das Urteil noch folgendes hinzu: „In Anbetracht,
daß also hier der Spruch angewandt werden kann: Volenti non
fit injuria, beschließt der Appellhof, die Klage des Mädchens G.
sei abzuweisen und es sei Herrn G. zu überlassen, diejenigen
Pflichten zu erfüllen, die ihm sein Gewissen anzeige."

„Das Gewissen jenes Bauern! Aber, Herr Präsident, wissen
Sie denn, was das heißt? Dieses Gewissen ist es, welches die
Liebesversicherung, die Begierde, die Überredung und infolge=
dessen die zwei Kinder hervorgebracht hat, und sehen Sie einmal,
was der Besitzer dieses Gewissens mit all dem macht, was
davon gekommen ist. Und an dieses Gewissen appellieren Sie
zu gunsten des Mädchens! Mein lieber Appellhof, da kennst
du das Gewissen eines Mannes noch schlecht, der seine eigenen
Kinder im Stich läßt. Das Gesetz, das du so unbarmherzig
und so geistreich anwendest, hat dich vollständig in Irrtum
geführt. Das Einzige, was jener Mann für das Mädchen
noch fertig bringen dürfte, wäre vielleicht noch ein drittes Kind.
Wer weiß, ob das Mädchen sich nicht noch dazu herbeilassen
wird, da er ja schon der Vater der zwei ersten Kinder ist! Was
soll es auch wohl anders machen? Vielleicht wird er sich dann
wenigstens entschließen, die Kosten der beiden Prozesse zu tragen.

„Habe ich also nicht recht, zu behaupten, daß nichts besser als das besprochene Urteil zu beweisen imstande ist, daß es höchste Zeit wäre, einer so schreienden Ungerechtigkeit ein Ende zu bereiten, damit die Richter, welche ein Gewissen und eine Seele haben, nicht mehr gezwungen sind, sobald sie vor einem gewissen Bureau sitzen, für solche Individuen Partei zu ergreifen, die zwar Kinder auf die Welt bringen, aber ihnen weder einen Namen noch Brot geben."

Im weiteren fragt Dumas sich, ob es ein Vergehen sei, ein uneheliches Kind auf die Welt zu bringen. Seiner Ansicht nach sind Mann und Frau in gleicher Weise schuldig, weil sie ein Kind nicht bloß allen Zufällen des gewöhnlichen Lebens, sondern auch den besonderen Gefahren einer Ausnahmestellung aussetzen. Es entsteht dadurch ein schlechtes Beispiel für andere Menschen und eine Gefahr für die Gesellschaft, welche oft für solche Kinder allein sorgen muß. Der Vater ist doppelt schuldig, wenn er die Ernährung und Erziehung des Kindes allein seiner Genossin überlassen will. Ausgenommen den Fall, wo die Frau eine Prostituierte ist und sich zugleich mit mehreren Männern abgegeben hat, kann der Vater eines unehelichen Kindes in keiner Weise entschuldigt werden. Die Frau ist schuldig, weil sie weiß, daß sie etwas Schlechtes begeht, wenn sie sich einem Manne außerhalb der Ehe hingiebt.

Es fragt sich nun aber: Was soll denn aus dem Kinde werden? Die einzige Lösung, die der Gerechtigkeit entspricht, ist diese: Vater und Mutter müssen in gleicher Weise für ihren Fehler haften. Da der Mann sich gewöhnlich dieser Last entzieht, so muß er gesetzlich gezwungen werden können, für das Kind zu sorgen. Dieses ist es eben, was Dumas verlangt.

Allerdings könnten mit der Vaterschaftsklage Mißbräuche getrieben werden, allein man kann das Gesetz doch so einrichten, daß gewisse Einschränkungen dieselben unmöglich machen. Es ist zwar auch in vielen Fällen schwierig, ja überhaupt unmöglich, nachzuweisen, wer der Vater des Kindes ist (da es sogar vor-

kommen kann, daß die Mutter es selbst nicht weiß), allein der
Grundsatz des römischen Rechtes: „pater is est quem nuptiae
justae demonstrant“ darf nicht mehr allein als maßgebend
gelten, sondern in allen Fällen, wo ein Mann nachweisbar
Vater eines Kindes ist — einerlei, ob er schon verheiratet ist
oder nicht —, muß er dazu angehalten werden, das Kind zu
ernähren, wenn er wegen seiner rechtmäßigen Ehe dasselbe nicht
anerkennen kann oder aus andern Gründen nicht anerkennen will.

In diesem Ideengang schlägt Dumas vor, etwa folgende
Bestimmungen in das Gesetz aufzunehmen:

1. Jeder unverheiratete Mann, der als Vater eines Kindes
erkannt wird, welches er der Mutter zur Last lassen will, soll
auf die Reklamation derselben und die von ihr vorgebrachten
Beweise hin gezwungen werden, diesem Kinde seinen Namen zu
geben und ihm Existenzmittel zu sichern, die seiner Stellung
gemäß festgesetzt werden sollen, aber nicht weniger als einen
Franken pro Tag betragen dürfen.

2. Ist dieser Mann verheiratet und daher nicht imstande,
dem Kinde seinen Namen zu geben; ist er arm und kann er
dem Kinde die nötigen Subsistenzmittel nicht liefern, so wird
er zu einer Gefängnisstrafe von 2 bis 5 Jahren verurteilt.

3. Jede Frau, die überführt wird, zum Zwecke einer Spe=
kulation oder eines Skandals eine Vaterschaftsklage gegen einen
unschuldigen Mann erhoben zu haben, wird, wie eine Meineidige,
mit 10 Jahren Gefängnis oder, wie eine Fälscherin, mit 20
Jahren Zuchthaus bestraft.

4. Die Mutter, die des vorsätzlichen Abtreibens der Leibes=
frucht überführt wird, wird, ebenso wie ihre Mitschuldige, zu 10
bis 20 Jahren Zuchthaus bestraft.

5. Die Mutter, die ihr Kind getötet hat, wird mit dem
Tode bestraft.

Dieses Gesetz würde sich, wie man sieht, durch eine dra=
konische Strenge auszeichnen, aber es soll auch eben in erster
Linie abschreckend wirken. Dumas macht sich keineswegs eine

Illusion darüber, daß auch ein solches Gesetz nicht allen An-
sprüchen entsprechen würde, aber es würde nach seiner Ansicht
wenigstens durch die Strenge der Strafen Übertretungen der
betreffenden Bestimmungen nach Möglichkeit verhindern. Als
Ergänzung zu seinem Entwurf schlägt Dumas außerdem vor,
die sogenannten „tours", d. h. öffentliche Findelhäuser, in denen
man uneheliche Kinder annimmt, ohne irgend welche Rechenschaft
über deren Herkunft zu verlangen, wieder einzurichten, so wie
sie früher in Frankreich bestanden.

Diese Vorschläge Dumas' fanden in Frankreich bei den
einen vollen Beifall, bei den andern lebhaften Widerspruch, und
noch bis heute ist in der Lage der gefallenen Mädchen und der
unehelichen Kinder keine Änderung eingetreten.

VIII.

Liebe, Ehe und Proftitution.

Alexander Dumas, der sich schon so viel ereifert hat, daß
man in Frankreich die „recherche de la paternité" (Vater=
schaftsklage) nicht zuläßt, weiß sogar aus diesem Mangel oder
Übelstande die Proftitution zu erklären. Die Natur — das ist
der Ideengang seiner Ausführungen — beftimmt den Mann,
zu heiraten, die Moral verlangt die Monogamie, aber da die
Gesetze und die Sitten es nicht als ftrafbar erklären, wenn der
Mann, ohne verheiratet zu sein, mit Weibern ein Verhältnis
unterhält, so folgt derselbe seinen schlechten Neigungen und ver=
führt entweder unschuldige Mädchen oder leistet wenigstens in
anderer Weise der Proftitution Vorschub.

Man muß jedoch hierzu bemerken, daß die Proftitution
in solchen Ländern, wo die Vaterschaftsklage zulässig ist, ebenso
gut vorkommt, wie in Frankreich. Dieses will allerdings nicht
sagen, daß Alexander Dumas ganz unrecht habe, denn wenn
die Proftitution ein überall vorkommendes, notwendiges und
unvermeidliches sociales Übel ist, so steht nichtsdestoweniger fest,
daß dasselbe besonders in einem Lande überhandnehmen muß,
wo die weibliche Unschuld nicht durch die Gesetze geschützt ist,
und daß es gleichsam ein Produkt der verfeinerten Civilisation
im allgemeinen ist.

Dieses vorausgesetzt, wollen wir die Erklärungen Dumas',

die — wie faſt immer — paradox klingen, aber doch manches
Wahre enthalten, wiedergeben.

.

„Die Natur ſagt zum Manne: „„Ich habe dich mit Bedürf-
niſſen, Begierden, Leidenſchaften, Gefühlen verſehen, welche allein
durch jenes Weſen befriedigt werden können, welches man Frau
nennt; dieſer Frau habe ich ein Herz, eine Einbildungskraft
und hie und da auch Sinne verliehen, die ſie geneigt machen,
ſich von dir überreden und hinreißen zu laſſen. Nimm dieſe
Frau, und wenn du deine Neugierde, deine Bedürfniſſe, deine
Begierden, deine Leidenſchaften, deine Gefühle befriedigt haſt,
wenn du dich des Verſtandes, des Gewiſſens und der Gefühle,
mit denen ich dich begabt habe, zu bedienen weißt, ſo wirſt du
jene Frau lieben, wirſt aus ihr die Gefährtin deines Lebens
und die Mutter deiner Kinder machen. Wenn es für dich auf
dieſer Erde eine Möglichkeit giebt, glücklich zu werden, ſo haſt
du ſie da gefunden.““
„Die Moral aber ſagt zu dem Manne: „„Das genügt nicht.
Dieſe Frau haſt du ausgewählt, du liebſt ſie, willſt ſie beſitzen
und zu einer Mutter machen. Dann warte nicht auf deren
Beſitz und deren Mutterſchaft, um dich für immer mit ihr zu
verbinden. Du ſollſt ſie nicht bloß lieben, ſondern auch achten;
ohne das giebt es keine dauerhafte Liebe. Und weshalb ſollte
deine Liebe nicht dauerhaft ſein, da du behaupteſt, du könneſt
ihr nicht widerſtehen? Beweiſe jener Perſon alſo, daß beides
der Fall iſt, indem du ihr gleich von vornherein das gewährſt,
was andere ihr nur nachher geben würden, indem du mit ihr
allein zufrieden biſt, ſie mit deinem Namen beehrſt, für ſie und
für eure gemeinſchaftlichen Kinder arbeiteſt.““
„Die Sitten und die Geſetze ſagen alsdann zu demſelben
Manne: „„Traue all dem Gerede nicht; das iſt eine verführeriſche
Lockſpeiſe, eine zweifelhafte Verpflichtung, ein ungewiſſes Glück.
Nimm das Vergnügen, laß die Ehe, denn ſie iſt ein Kreuz;
laß das Kind, denn es iſt eine Laſt; fange immer wieder mit

andern Frauen an, solange du kannst. So wirst du das Vergnügen genießen und deine Freiheit behalten. Niemand wird
das Recht haben, dir etwas zu sagen, aber wenn man zufällig
einmal Rechenschaft von dir fordern sollte, so geniere dich nicht,
sei ohne Furcht, denn wir sind da, wir, die Sitten und die
Gesetze, um für dich zu antworten und dich zu beschützen.""

„Und daraufhin lassen zahlreiche Männer, besonders unter
den am meisten civilisierten, die lästigen Prinzipien der Moral
beiseite, und indem sie die angenehmen Einladungen der Natur
mit den Bequemlichkeiten ungenügender Gesetze verbinden, haben
diese Männer seit Jahrhunderten angefangen (und sie fahren
noch immer fort), Mädchen, die arm oder wehrlos und ohne
Familie sind, zu nehmen, zu besitzen, solange sie ihnen gefallen,
und sie zu verlassen, wenn sie ihnen nicht mehr gefallen. Die
Sache war nun einmal so angenommen, und die Prostitution
und der Selbstmord machten das übrige. Durch den Selbstmord wird die Gesellschaft von einer Sorge und einem Vorwurf
befreit; durch die Prostitution verschaffen sich andere Menschen,
die „gesitteter“ sind und die Sache besser anzugreifen wissen,
ein Vergnügen aus zweiter Hand, das weniger raffiniert, aber
oft angenehmer ist, als das andere. Übrigens machen damit
die Kutschenfabriken und die Nähterinnen gute Geschäfte, und
hieraus ersieht man, daß die gesellschaftliche Ökonomie auf der
einen Seite das gewinnt, was die Moral und die Würde des
Menschen auf der andern Seite verlieren. Wie es scheint, bedürfen die großen Civilisationen dieses Umsatzes. Was aber
die jungen Mädchen anbelangt, die ihre Ehre verloren haben
und unglücklich geworden sind, so würde Prüd'homme, dessen
Name immer genannt wird, wenn es sich darum handelt,
derzeit unlösbare Probleme zu besprechen, ganz einfach sagen:
„„Diese jungen Damen verdienen nicht so viel Interesse, als
man ihnen widmet. Weshalb haben sie sich nicht besser verteidigt? Sie mußten das Resultat ja voraussehen, denn sie
wußten, daß sie etwas Böses begingen, da sie es heimlich machten;

es ist ganz natürlich, daß das Böse bestraft werde. Sie hatten die Freuden der Liebe, ohne die Pflichten derselben zu übernehmen; jetzt haben sie die Verdrießlichkeiten derselben, ohne deren Rechte zu haben; es ist ihnen recht geschehen."“

„Das hat manches für sich, wie überhaupt alles, was Prüd'homme sagt, denn sonst würden seine Ideen nicht so allgemein anerkannt werden."

(Les femmes qui tuent et les femmes qui votent, p. 68 sqq.)

IX.

Zweierlei Liebe.

Ist die Liebe überall dieselbe? Wodurch unterscheidet sich die Liebe eines jungen unschuldigen Mädchens von der einer Courtisane? Kann diese letztere nicht auch aufrichtig sein?

Dumas hat sich allzuviel mit der Lage der Frau in allen Sphären der Gesellschaft, besonders mit der von ihm benannten „Halbwelt" (le demi-monde) beschäftigt, als daß er nicht mehr als einmal in den Fall gekommen wäre, vorstehende Fragen beantworten zu müssen. Einiges von seinen diesbezüglichen Ausführungen wollen wir aus seinen Werken aussuchen und im Nachstehenden wiedergeben, indem wir zugleich einige seiner Bemerkungen über die „unterhaltenen" Frauen im allgemeinen beifügen.

Erst kürzlich veröffentlichte Dumas einen neuen Roman „Un cas de rupture"*), den er bereits 1852 geschrieben haben soll, aber bis jetzt angeblich „par coquetterie d'auteur" (aus Autoreneitelkeit) nicht erscheinen lassen wollte.**) Aus einer

---

*) Ein Prachtband mit Jllustrationen von Eugène Courboin. Paris, Ancienne maison Quantin, May & Motteroz. 1892 (60 Fr.).

**) Ob das Werk wirklich ein Jugendprodukt Dumas' ist und ob es nicht nachträglich erst überarbeitet wurde, vermag ich nicht zu sagen. Es soll zugleich eine „humoristisch-psychologische Dissertation" sein, in welcher man den jugendlichen Übermut Dumas' und seinen „esprit charmant" wiederfinde. Die Erzählung selbst soll beweisen, daß, wenn

bemerkenswerten Stelle dieses Werkes ersieht man, wie Dumas früher die Liebe auffaßte. So einseitig die Auffassung auch sein mag, weil darin nur der in vornehmer Gestalt auftretenden Liebe Rechnung getragen wird, nicht aber derjenigen, welche sich in allen Lebenslagen wiederfindet, so verbient dieselbe doch berücksichtigt zu werden.

„Ich habe eine eigene Auffassung der Liebe," sagt er. „Dieses zarte Gefühl, das nach der Definition des Dichters aus nichts entsteht und von einem Nichts zerstört wird, ist meiner Ansicht nach ein Wein, den man nur aus einer golbenen Schale trinken sollte. Es würde gewiß niemand einfallen, Johannisberger aus einem Napf zu trinken. So ist es auch mit der Liebe. Sie möge Schwierigkeiten, Gefahren, Geheimnissen begegnen, aber sie gehe auf Samt, sie schlafe im Batist und in Spitzen, sie babe sich oft, sie sei wohl parfümiert, sie verwickele sich nie in materiellen Schwierigkeiten des Lebens; in einem Worte, sie äußere sich nur in dem vornehmen Glanze ihres göttlichen Ursprungs.

„Die Liebe ist anspruchsvoll; sie dulbet nicht, baß man sich außer ihr noch mit andern Sachen beschäftige. Will man lieben, so sorge man dafür, daß man sich mit nichts anderm abzugeben braucht. Ich will nicht, daß die Hand, welche ich küsse, in der Küche arbeite, daß die Stimme, die zu mir sagt: „Ich liebe dich", die Wäsche zähle, daß der Leib, den ich in meinen Armen brücke, sich anders als in der Lust ermübe.

„Die Liebe ist träge; sie soll in der Kutsche spazieren fahren.

„Sie ist empfindlich gegen bie Kälte; sie möge Teppiche, Atlas und Hermelin haben.

„Sie liebt den Aufenthalt auf bem Lande, bie Träumereien unter ben großen Bäumen, bie Spaziergänge in ben breiten

man auch im gewöhnlichen Leben der Not gehorchen muß, bieses Gesetz in Liebessachen keine Geltung hat oder wenigstens aufgehoben scheint, so baß es von der scharfsinnigen Liebe umgangen werden kann.

Avenuen; sie sollte eigentlich überall einen Park für sich allein
haben.

„Sie hat launische Gelüste; möge sie dieselben nach Gut=
dünken befriedigen können und sich ebenso leicht mit Diamanten
schmücken, wie sie sich im Sommer mit Kornblumen oder mit
Maßliebchen schmückt.

„Sollen aber deswegen nur die reichen Leute sich lieben
können? Gewiß nicht. Vorerst genügt es nicht, reich zu sein,
um zu wissen, was die Liebe ist; man muß auch jung, schön,
gesund, geistreich sein und geliebt werden. Wer mir bemerken
wollte, die Jugend ersetze das Vermögen, die Zufriedenheit, den
Luxus, ein gewöhnlicher Wagen die vornehme Kutsche, das erste
beste Wäldchen den Schloßpark, eine Mansarde mit einem hellen
Sonnenstrahl und einem Blumentopf das majestätische Schloß
oder die adelige Wohnung, dem antworte ich: Jawohl, aber nur
einmal in der Woche und während zwei oder drei Jahren des
Lebens.

„Man wird mir noch einwenden, überall, wo wir in der
Natur sind, finde man Liebe. Das ist möglich, aber ich rede
hier nicht von der Natur, sondern von der Civilisation, die
uns Bedürfnisse schuf, welche uns mehr in Anspruch nehmen,
als die natürlichen Bedürfnisse.

„Ich bekenne daher offen, daß ich trotz der Lieder Bérangers,
trotz der Überlieferung der Federfuchser und der Grisetten in
den Romanen Paul de Cocks und trotz der Erzählungen Florians
die großen Damen den Grisetten vorziehe, daß es für mich an=
genehmer ist, meine Maitresse ins Wäldchen hinausfahren, als
in groben Kleidern auf den Markt gehen zu sehen, daß ich
eher wünsche, sie lebe, um zu lieben, als daß sie arbeite, um
leben zu können, und daß jeder reiche Mann, der ehrlich ist
und eine arme Frau liebt, dieser sein Vermögen schenken
soll, so sehr bedarf das Gemälde der Liebe eines goldenen
Rahmens.“

Fragen wir uns nun, auf wie vielerlei Weise die Frauen

lieben können, so antwortet Dumas in seiner „Camelienbame"
(S. 129*) barauf:

„Die Frauen lieben auf zwei verschiedene Weisen, von
denen die eine aus der andern entstehen kann. Oft geschieht
es, daß eine Frau einen Liebhaber nimmt, bloß um ihren
Sinnen zu folgen, und daß sie dann, ohne daran gedacht zu
haben, das Geheimnis der immateriellen Liebe kennen lernt und
nur mehr durch ihr Herz liebt. Dagegen sucht ein junges
Mädchen in der Ehe nur die Vereinigung zweier reiner Nei=
gungen, und es erfährt dann plötzlich die Offenbarung der
physischen Liebe, diese energische Konklusion der keuschesten Ein=
brücke der Seele."

Über das erste Entstehen der Liebe bei einem jungen
Mädchen macht Dumas in dem Romane „Trois Hommes
forts" (S. 243 f.) folgende Bemerkungen:

„Die jungen Mädchen sind voll Kühnheit in ihren inneren
Gefühlen und Gedanken. Sie glauben, weil sie allein sind,
wenn sie nachdenken, weil sie niemand ihre Gedanken an=
vertrauen, es könne auch niemand dieselben erraten. Sie merken
nicht, daß die Gefahr eben in dieser Vereinsamung besteht und
daß die Leichtigkeit, mit welcher sie sich mit diesen neuen Be=
weisen einschließen können, bei ihnen das Bedürfnis danach
entstehen läßt. Und dann sind sie eines Tages ganz verwundert,
daß ohne ihr Vorwissen ihr Herz sich jemand verriet, der sich
dafür interessierte. Sie fragen sich, wie er die Vorgänge in
ihrem Innern erraten konnte, während er doch nur ihre
Träumerei, diese Indiskretion der schweigsamen Seelen, zu
bemerken brauchte.

„Übrigens übt die Idee, daß ein Mann sich mit ihnen
beschäftigt, immer einen großen Einfluß auf die jungen Mädchen
aus, besonders wenn sie das an einem sonderbaren oder roman=
haften Mittel erkennen.

---

*) Ich citiere überall nach der letzten französischen Originalausgabe
von Calman Lévy.

„Die Natur, die nur die Verbindung der Körper und der Herzen will, um die Fortpflanzung zu ermöglichen, welche die ewige Grundlage der Welt bildet, die Natur, sage ich, hat zwei Dinge in das Herz der jungen Mädchen gelegt: die Un= erfahrenheit und die Poesie, und diese weichen einem jeden, der sich die Mühe geben will, sie anzugreifen. Die Unerfahrenheit kommt daher, daß sie zu viel Zutrauen zu sich selbst und zu wenig Mißtrauen gegen andere haben. Die Poesie kommt von ihrem Alter her, geht beständig von ihrem Geist zu ihrem Herzen und läßt in dem einen die Begeisterung, in dem andern die Liebe entstehen."

Dumas sagt, es sei viel leichter, von einem jungen Mädchen geliebt zu werden, als in dem Herzen einer „unterhaltenen" Frau das Gefühl der wahren Liebe wachzurufen.

„Es ist gewiß eine große Seligkeit," bemerkt er in seiner „Camelienbame" (S. 125 ff.), „von einem jungen keuschen Mäd= chen geliebt zu werden, ihm zuerst dieses sonderbare Geheimnis der Liebe zu offenbaren, aber es giebt nichts Einfacheres auf der Welt als das. Sich eines Herzens bemächtigen, das nicht gewohnt ist, angegriffen zu werden, ist dasselbe, wie wenn man eine offene Stadt ohne Garnison erobert. Die Erziehung, das Gefühl der Pflicht und die Familie sind zwar starke Wachen, aber keine ist aufmerksam genug, als daß ein junges Mädchen von sechzehn Jahren nicht an denselben vorbeikäme, wenn durch die Stimme des jungen Mannes, den es liebt, die Natur ihm zum erstenmal von Liebe flüstert.

„Je mehr das junge Mädchen an die Tugend glaubt, desto leichter giebt es sich, wenn auch nicht dem Liebhaber, so doch der Liebe hin, denn da es kein Mißtrauen hegt, so ist es auch nicht stark, und seine Liebe zu gewinnen, ist ein Triumph, den jeder junge Mann sich gestatten kann, wenn er darauf hält.

„Aber wirklich von einer Courtisane geliebt zu werden, ist ein viel schwierigerer Sieg. Bei solchen Frauen hat der Körper die Seele abgenutzt, die Sinne haben das Herz verbrannt, die

Ausschweifung hat die Gefühle abgehärtet. Die Worte, die man zu ihnen sagt, und die Mittel, die man anwendet, kennen sie schon lange, sogar die Liebe, die sie einflößen, haben sie oft genug verkauft. Ihre Liebe ist ein Handwerk, und sie sind durch ihre Spekulationen besser geschützt, als ein junges Mädchen von seiner Mutter oder einem Kloster. Deshalb haben jene auch das Wort „caprice" erfunden, um jene Liebschaften zu bezeichnen, die ihnen kein Geld einbringen und die sie sich von Zeit zu Zeit erlauben, um sich zu erholen, sich zu entschuldigen oder sich zu trösten, gerade wie manchmal die Wucherer es machen, die tausend Menschen ausbeuten und dann alles wieder gut zu machen glauben, wenn sie einmal einem armen hungernden Teufel zwanzig Franken leihen, ohne Zinsen, noch Empfangs= schein zu verlangen.

„Wenn nun Gott eine Courtisane lieben läßt, so wird deren Liebe, obschon sie anfänglich den Schein einer Verzeihung hat, doch fast immer eine Strafe für sie. Es giebt keine Ver= zeihung ohne Buße. Wenn ein Geschöpf, das sich seine ganze Vergangenheit vorwerfen muß, sich plötzlich von einer tiefen, aufrichtigen, unwiderstehlichen Liebe ergriffen fühlt, deren es sich nie fähig gehalten hätte; wenn es diese Liebe eingestanden hat, wie kann dann der geliebte Mann es beherrschen, und mit welch grausamem Rechte kann er dann sagen: „„Du machst nicht mehr für die Liebe, als du für Geld gemacht hast."""

„Dann wissen jene Frauen nicht mehr, welche Beweise von Liebe sie geben sollen. Wie eine Fabel erzählt, hatte ein Kind sich lange den Scherz erlaubt, auf dem Felde nach Hilfe zu schreien, um die Arbeiter zu stören, und da wurde es eines Tages von einem Bären verzehrt, weil die, welche es so oft getäuscht hatte, nicht an die wirklichen Hilferufe glaubten, die es diesmal ausstieß. So geht es auch mit jenen unglücklichen Frauen, wenn sie wirklich lieben. Sie haben so oft gelogen, daß man ihnen nicht mehr glauben will, und sie werden dann inmitten ihrer Gewissensbisse von ihrer Liebe verzehrt.

„Daher kommt es auch, daß einige von ihnen das Beispiel einer so großen Ergebenheit und einer strengen Zurückgezogenheit gegeben haben. Aber wenn der Mann, der diese erlösende Liebe entstehen läßt, großherzig genug ist, um sie anzunehmen, ohne der Vergangenheit zu gedenken, wenn er also liebt, wie er geliebt wird, wird er in einem Male alle irdischen Seligkeiten genießen, und nach dieser Liebe wird sein Herz jeder andern verschlossen bleiben."

So ging es angeblich mit Armand Duval, der sich in die Cameliendame verliebt hatte, allein jene Annahme ist keineswegs haltbar, und das erhellt schon daraus, daß in den meisten derartigen Fällen, wie sie in französischen Romanen so überzeugend geschildert werden, das scheinbar aufrichtige Verhältniß ein plötzliches Ende findet. Über den weiteren Fortgang, ob z. B. Armand Duval sich später nicht noch einmal vielleicht in eine zweite Cameliendame verliebte, wird nicht berichtet.

Dumas sagt selbst, er habe seit seiner Jugend, wo er der leichten Moral des Jahrhunderts huldigte, eine unerschöpfliche Nachsicht für die Courtisanen gehabt. „Eines Tages," erzählt er in der „Cameliendame" (S. 8), „als ich mich auf die Präfektur begab, um mir einen Paß zu holen, sah ich in einer der anstoßenden Straßen eine Frau, die von zwei Gendarmen fortgeführt wurde. Ich weiß nicht, was sie verbrochen hatte, aber sie weinte heiße Thränen, indem sie ein kleines Kind küßte, das sie im Stich lassen mußte. Seit jenem Tage konnte ich es nicht mehr über mich bringen, ein Weib auf den ersten Blick zu verachten."*)

---

*) An einer andern Stelle erinnert Dumas daran, wie leicht man sich täuschen kann, sowohl in dem einen wie dem andern Sinne, wenn man eine Frau bloß nach dem Äußern beurteilt. Er erwähnt dabei eine Erzählung von Alphonse Karr, in der ein Herr eines Abends einer ganz eleganten Frau folgt, in welche er sich wegen ihrer Schönheit gleich auf den ersten Blick verliebt. Um die Hand dieser Frau küssen zu dürfen, glaubt er alles unternehmen zu können. Kaum wagt er es, den hübschen Strumpf zu betrachten, während sie ihr Kleid aufhebt, um es nicht zu

Schon wiederholentlich hat Dumas zum Mitleid gegen die gefallenen Frauen, welche sich selbst verkaufen müssen, um leben zu können, ermahnt:

„Wenn man unrecht hat, diese armen Geschöpfe zu lieben, so sollte man sie doch wenigstens bemitleiden. Man hat Mit= leid mit dem Blinden, der nie das Licht der Sonne sah, mit dem Tauben, der nie die Akkorde der Natur hörte, dem Stummen, der nie die Stimme seiner Seele vernehmen lassen konnte, und unter einem falschen Vorwande von Schamgefühl will man die Blindheit des Herzens, die Taubheit der Seele, die Stummheit des Gewissens nicht bemitleiden, die jene elenden Weiber bethören, und sie das Gute nicht erkennen und die reine Sprache der Liebe und des Glaubens nicht reden, noch verstehen lassen.

„Wie Hugo Marion Delorme geschaffen hat, Musset Berne= rette und Alexander Dumas Fernande, so haben die Denker und die Dichter aller Zeiten der Courtisane ihr Mitleid an= geboten, und schon mehr als einmal hat ein großer Mann sie durch seine Liebe und sogar durch seinen Namen wieder zu Ehren gebracht.

„Hat eine Frau in ihrer Kindheit nicht das Gute kennen gelernt, so zeigt Gott ihr später gewöhnlich zwei Pfade, die sie dennoch zu demselben führen. Diese Pfade sind die Liebe und der Schmerz; sie sind aber beschwerlich, und die, welche sich in dieselben hineinbegeben, treten sich die Füße wund, verletzen sich die Hände, aber sie lassen zugleich in den Dornen am Wege den Schmuck des Lasters hängen und kommen am Ziele an, entblößt von allem, wie man vor den Herrn hintreten soll.

---

beschmutzen. Während er davon träumt, was er alles machen würde, um diese Frau besitzen zu können, redet sie ihn plötzlich an der Ecke der Straße an und fragt ihn, ob er mit ihr auf ihr Zimmer gehen wolle. Er wendet sich ab und eilt über die Straße nach Hause.

„So sind wir Männer nun einmal," fügt Dumas hinzu, „und es ist ein Glück, daß die Einbildungskraft den Sinnen diese Poesie läßt und daß die Begierden des Körpers den Träumen der Seele diese Konzession machen" („Camelienbame", S. 65).

„Das Christentum mit seiner wunderbaren Parabel von dem verlorenen Kinde rät uns, Nachsicht zu üben und zu vergeben. Jesus war voll Liebe für die durch die menschlichen Leidenschaften verwundeten Seelen, und er war stets bereit, sie zu heilen. So sagte er zu Magdalena: „Dir wird viel vergeben werden, weil du viel geliebt hast", und diese Gnade mußte einen erhabenen Glauben wecken.

„Weshalb sollten wir strenger sein als Christus? Weshalb sollten wir engherzig an den Ansichten der Welt haften, die sich streng zeigt, um selbst tadellos zu erscheinen, und weshalb sollten wir die blutenden Seelen verwerfen, aus deren Wunden die Verderbnis der Vergangenheit herauszieht, und die nur auf eine freundliche Hand warten, um von ihr verbunden und wieder gestärkt zu werden?

„Verachten wir jenes Weib nicht, das weder Mutter, noch Schwester, noch Tochter, noch Gattin ist. Beschränken wir nicht die Achtung auf die Familie, die Nachsicht auf den Egoismus. Da der Himmel größere Freude über die Reue eines Sünders empfindet, als über hundert Gerechte, die nie gefehlt haben, so wollen wir dem Himmel Freude bereiten; er kann es uns später vergelten. Verteilen wir auf unserm Wege das Almosen der Barmherzigkeit an die, welche durch ihre irdischen Gelüste zu Grunde gingen, welche aber vielleicht durch eine göttliche Hoffnung gerettet werden, und, wie die guten alten Frauen sagen, wenn sie einem ein Hausmittel vorschlagen, wenn es nicht helfen kann, so kann es auch nicht schaden."

Die, welche dieses Mitleid für die gefallenen Frauen haben, sind verhältnismäßig selten, und sogar Dumas ist nicht immer seiner Mahnung treu geblieben. Wie absprechend urteilt er auch mehr als einmal über dieselben! So sagt er z. B.: „Die unterhaltenen Frauen wissen nicht, was Eleganz und Höflichkeit ist; sie gleichen den Hunden, die, wenn man sie parfümiert, sich in dem Kot wälzen, weil sie glauben, das rieche besser."

Marguerite Gautier, die doch mit allen Vorzügen, die eine

Halbweltlerin nur besitzen kann, ausgestattet ist, beklagt sich in bitterstem Tone über die Beschwerden ihres Lebens: „Wenn die, welche unser schändliches Gewerbe beginnen, wüßten, was es ist, so würden sie lieber Kammerjungfer werden. Aber nein, die Eitelkeit, Roben, Wagen und Diamanten zu haben, reißt uns fort. Man glaubt dem, was man hört, denn auch die Prostitution hat einen Glauben, und man nutzt allmählich Herz, Körper und Schönheit ab; man wird gefürchtet wie ein wildes Tier, verachtet wie ein Paria; man ist immer nur von Leuten umgeben, die einem mehr nehmen, als sie einem geben, und man verendet eines Tages wie ein Hund, nachdem man andere und sich selbst ruiniert hat."

Man könnte wohl kaum das Courtisanen-Elend in drastischeren Worten schildern. Im übrigen wäre über diese Frauen noch manches zu bemerken, besonders da Dumas in seinen Romanen so oft darauf zurückkommt, allein längere Ausführungen würden uns zu weit führen.

X.

Die Stellung der Frauen zu ihrer Emancipation.

„Gott weiß, daß es in unserm schönen Frankreich, das so
verständig, so vorsichtig, so logisch ist, wie wir mehr als einmal
gezeigt haben, — Gott weiß, daß es Leute giebt, die nicht
umhin können, zu lachen, wenn man behauptet, die Frauen,
diese ewig Unmündigen der Religionen und der Gesetzbücher,
diese Wesen, die so schwach sind, so unfähig, sich selbst zu leiten,
die so sehr geführt, geschützt und verteidigt werden müssen, daß
das Gesetz es vorzog, darauf zu verzichten, weil es einsah, daß
es nicht fertig mit ihnen würde, Gott weiß, sage ich, daß es
Leute giebt, die sich nicht enthalten können, zu lachen, wenn
man behauptet, die Frauen könnten eines Tages wohl dieselben
politischen Rechte in Anspruch nehmen, wie die Männer, und
dasselbe Stimmrecht fordern. Bis jetzt war diese Behauptung
nur in Frauenzeitungen ausgesprochen und verteidigt worden,
und der einzige Wiederhall, den sie fand, bestand in dem all=
gemeinen Gelächter, mit dem man sie aufnahm. Die, welche
nicht lachten, die ernsten Personen, zuckten die Schultern; einige,
und zu denen gehöre ich auch, fragten sich ganz leise, ob die
Reklamierenden nicht recht hätten. Allerdings war die Rekla=
mation gewöhnlich in so exaltierten Ausdrücken formuliert, sie
proklamierte so sehr die geistige, moralische, bürgerliche Überlegen=
heit der Frau, daß sie in der That zum Lachen reizte. Aber
daraus, daß ein Recht ungeschickt vindiziert wird, folgt noch

nicht, daß es kein Recht sei. Jeden Tag kommt es vor, daß ein ungebildeter Gläubiger in einem Briefe, über dessen Schreibart man auch lachen muß, den Lohn für seine Arbeit fordert, und, so komisch auch die Form der Reklamation ist, man muß derselben nichtsdestoweniger nachkommen und die Schuld bezahlen."

Mit diesen Worten beginnt Dumas den zweiten Teil seiner Schrift über „Die Frauen, welche töten, und die Frauen, welche stimmen". Bei der Frage des Stimmrechtes findet er Gelegenheit, die Frauen in verschiedene Kategorien einzuteilen, je nach der Stellung, welche sie zu den Reformfragen einnehmen.

„Es giebt zuerst," sagt er, „diejenigen Frauen, welche unter den gegenwärtigen Verhältnissen glücklich sind. Diese verlangen nicht bloß nicht die geringste Reform, sondern sie schrecken auch vor derselben zurück, und sehen diejenigen Frauen, welche eine solche fordern, als verrückt oder heruntergekommen an. Allerdings ist das persönliche Glück kein Argument in einer allgemeinen Diskussion: Es ist nur ein Privilegium, und es wird leicht zum Egoismus. Viele Männer hatten auch in dem socialen Zustande, in welchem sie lebten, das Glück gefunden; das hat andere Männer, die unter diesem socialen Zustande zu leiden hatten, nicht verhindert, notwendige Umwälzungen hervorzurufen, und es ist damit noch nicht zu Ende, welches auch die Genugthuung und der Nutzen seien, welchen neue Menschen von den Reformen haben. Man braucht also nicht auf die Zustimmung der glücklichen Frauen zu rechnen, wenigstens nicht, solange sie glücklich sein werden; vorläufig wird man, wenn man sie zählt, bemerken, daß sie weit entfernt sind, die Mehrheit zu bilden.

„Es giebt sodann die geschickten, oder, wenn man will, die intelligenten Frauen, welche im Besitze gewisser physischer und moralischer Eigenschaften sind, und welche, indem sie mit ihrer Umgebung machen, was sie wollen, die Männer als untergeordnete Wesen ansehen und erklären, die, welche sich nicht so gut zu helfen wüßten, wie sie, seien einfältig und ungeschickt.

Auf jene braucht man noch weniger zu zählen, als auf die ersteren. Nicht nur werden sie sich nie über die gegenwärtige Lage beklagen, sondern sie sehen sie als vollkommen an und erwarten, daß nichts daran geändert werde. In jedem Falle wären sie, falls eine Änderung einträte, gleich bereit, Nutzen daraus zu ziehen, gerade wie aus dem jetzigen Zustande. Aber in der uns beschäftigenden Diskussion ist eine schlaue Gewandt= heit ebensowenig ein unwiderlegbares Argument, als das Glück.

„Es giebt ferner, und zwar ist das die große Masse, die Frauen des Volkes und die Frauen vom Lande, welche von morgens früh bis abends spät schwitzen, um das tägliche Brot zu verdienen, welche leben, wie ihre Mütter gelebt haben, und welche Töchter zur Welt bringen, ohne zu wissen, weshalb noch wie, Töchter, die ihrerseits dasselbe thun werden, es sei denn, daß sie hübscher und weniger unterthänig sind und auf dem verführerischen und leichten Wege der Prostitution, auf dem aber die Arbeit noch anstrengender ist, sich aus der Menge entfernen. Den Nacken gebeugt unter der Arbeit des Tages, beim Gehen den Blick auf die Erde gerichtet, bezähmt durch das Elend, besiegt durch die Gewohnheit, den Bedürfnissen anderer unterworfen, ahnen diese Geschöpfe in Gestalt von Frauen nicht, daß ihre Lage je geändert werden könne. Sie haben nicht die Zeit und hatten nie die Fähigkeit, zu denken und zu überlegen; kaum empfinden sie einen unbestimmten und bald wieder unterdrückten Wunsch nach etwas Besserem. Ist die Last zu schwer, so lassen sie sich zu Boden fallen, wimmern wie Tiere, weinen dicke Thränen bei dem Gedanken, daß sie ihre Kinder ohne Mittel lassen, oder danken instinktiv dem Tode, d. h. der Ruhe, deren sie so sehr bedürfen. Man braucht also nicht auf die Zustimmung dieser Unglücklichen zu rechnen. Wenn die Zeitung, in welcher sich ein „Aufruf an die Frauen" befindet, ihnen unter die Hände fällt, so wickeln sie den gesalzenen Hering oder das Stück Käse, das sie in Eile mit einem Stück trockenen Brotes essen werden, darin ein, und sie werden ihn nicht einmal hernach lesen, und zwar aus dem einfachen Grunde, weil sie nicht lesen können. Entsteht ein Aufruhr, so werden einige von ihnen in den großen Städten morden, Häuser in Brand stecken und sich im Wein, im Petroleum und im Blute erschießen lassen; — das ist alles. Aber die Unwissenheit, das Elend und die Knechtschaft sind keine besseren Argumente zu gunsten der Beibehaltung der gegenwärtigen Zustände, als das Glück und die List.

„Es giebt auch noch Frauen, welche ehrlich, ihrer Pflicht ergeben und fromm sind. Ihre Religion hat sie gelehrt, sich aufzuopfern. Nicht bloß beklagen sie sich nicht über die zu ertragenden Prüfungen, sondern sie rufen dieselben sogar über sich, um noch mehr die versprochene Belohnung zu verdienen, und sie segnen dieselben, wenn sie kommen. Für sie geschieht alles durch den Willen Gottes, und alles ist, wie es sein soll in diesem Thränenthal, durch das man zur ewigen Glückseligkeit gelangt. Diese Frauen würden auf keinen Fall das fordern, was der „Aufruf an die Frauen" verlangt, und sie würden nicht einmal eines von diesen Vorrechten annehmen, wenn man ihnen dieselben anböte. Übrigens lesen sie weder die Zeitungen, noch die Bücher, in denen von solchen Sachen die Rede geht; diese Lektüre ist ihnen verboten. Wenn sie zufälligerweise von solchen Ideen, die sicher vom Geist des Bösen eingegeben wurden, Kenntnis erhielten, so würden sie erröten, sich über ihr Geschlecht schämen, und sie würden für diejenigen beten, welche sich zur Verbreitung von so gefährlichen Irrtümern und zu so bedauerns- werten Beispielen hinreißen lassen. Man braucht also auch nicht auf jene zu zählen, obschon sie unter unserm socialen Zustande zu leiden haben, da die Unterwürfigkeit ihr Gebot, das Opfer ihre Freude und das Leiden ihre Hoffnung ist. Aber wie das Glück, die List, die Unwissenheit, das Elend und die Knecht- schaft, so sind auch der blinde Glaube, die Ekstase und die frei- willige Ertötung des Geistes keine unwiderleglichen Argumente.

„Es giebt ferner Frauen, welche weder glücklich, noch

geschickt, noch fromm sind, welche Würde genug besitzen, um
auf dem Wege des Guten bleiben zu wollen, welche intelligent
genug sind, um irgend einem Manne beigesellt zu werden oder
um allein irgend eine Laufbahn zu betreten, in der nur guter
Wille, Geduld, Ausdauer und Rechtschaffenheit erfordert sind,
— Frauen, welche genug Geist, Zärtlichkeit und Hingebung
besitzen, um Gattinnen und Mütter zu werden, genug Bescheiden=
heit und Achtung für sich selbst, um sich nie zu beklagen, und
welchen nicht bloß die Gefühle und die Freuden, sondern auch
die Stellungen, die Existenzmittel, auf die sie Anspruch erheben
könnten, verweigert werden, weil sie nicht so schön, nicht so
kühn und besonders nicht so reich sind, als andere. Durch die
Erziehung zu sehr verfeinert für die Handarbeit, zu stolz für
die Unterthänigkeit oder die Galanterie, zu scheu für die Em=
pörung oder ein abenteuerliches Leben, zu sehr „Frauen" für
das Klostergelübde, sehen jene, wenn sie an dem unveränder=
lichen Horizont Umschau halten, wie die göttlichen Fähigkeiten,
die ihnen zuerst so schöne Hoffnungen gemacht hatten und deren
Entwickelung ihrer Meinung nach den andern und ihnen selbst
in materieller und in moralischer Hinsicht so nützlich hätte sein
können, mit jedem Tage in der Vereinsamung, der Unthätig=
keit und der Ohnmacht mehr verwelken. Sie spüren, daß sie
wenigstens ebensoviel Glück hätten geben können, als sie dessen
erhalten hätten, und sie sterben, ohne Braut, Gattin oder Mutter
gewesen zu sein. Von Zeit zu Zeit machen sie mit ihren eigenen
Hilfsmitteln und Kräften einen individuellen, vereinzelten Versuch
in einer jener männlichen Laufbahnen oder Unternehmungen,
bei denen die so notwendige Unterstützung des Mannes und des
Geldes ihnen fast immer mangelt, und das Fehlschlagen eines
solchen Versuches fügt dann zu der Traurigkeit der Gegenwart
und der Vergangenheit noch die Sorge für die Zukunft hinzu.
Hie und da führt die geheime Hoffnung einer Vergeltung durch
die Liebe eine geheimnisvolle Verirrung, einen uneigennützigen,
mitleiderregenden Fehler herbei, für den sie aber hart und

schweigend büßen müssen, ohne zum Morde ihre Zuflucht zu
nehmen. Wenn es Frauen giebt, an die sich der „Aufruf an
die Frauen" wenden soll, bei denen er Anhänger finden könnte,
so sind es diese. Aber man darf auch nicht auf sie zählen.
Ihr Verstand, ihre Bildung, ihr Kummer, ihre stets erneuerten
Täuschungen, alles sagt ihnen, daß man etwas anders mit ihnen
und für sie machen könnte, als das, was man wirklich für sie
thut; aber ihre Bescheidenheit, die Gewohnheit, sich umsonst
abzumühen, die Furcht vor dem Lärm und dem Skandal er=
lauben ihnen nur, im geheimen beizustimmen und im Innern
einzuwilligen. Sie dulden, sie zweifeln, sie schweigen und nach
einem gewissen Alter geben sie sogar jede Hoffnung auf.

„Es giebt endlich noch die einsichtsvollen Frauen, deren
Intelligenz, dank ihrem Vermögen oder ihrer materiellen Un=
abhängigkeit, nicht bis zur Gewandtheit zu gehen braucht; diese
Frauen sehen sich nicht bloß als Wesen an, welche fühlen, leben
und genießen können, sondern sie interessieren sich auch an den
großen menschlichen und socialen Fragen; sie lesen, studieren,
leben im Umgang mit den höheren Geistern, und da sie den
Ideen des Fortschrittes und der Civilisation zugänglich sind,
ohne sich auf das zu beschränken, was man gewöhnlich als
„gut für die Frauen" bezeichnet, so halten sie sich für ebenso
fähig, zu verstehen, nachzudenken, zu wissen und zu urteilen,
wie die Männer. Jene Frauen zweifeln nicht daran, daß die
Frau als eine menschliche Person, die ein Herz und ein Gehirn
hat, gerade wie die andere menschliche Person, eines Tages
dieselben Rechte, Titel, Ansprüche und Verrichtungen bekommen
wird. Nur wissen sie, daß sie diesen Fortschritt nicht von
vornherein durch sich allein erreichen können, daß im Anfang
die Männer dafür wirken müssen, und daß dieser Fortschritt
nur verzögert werden kann, wenn er gewaltsam und öffentlich
von ihnen verlangt wird. In der Gruppe derjenigen Männer,
welche diese Fragen der Zukunft besprechen und welche eines
Tages berufen werden, sie in der Politik zu behandeln und mit

denen jene Frauen beständig verkehren, sind diese wegen ihrer guten Erziehung, ihren Fähigkeiten, ihrer Aufrichtigkeit, ihrer erhabenen, weitherzigen, versöhnenden Moral, ihren geistigen und moralischen Eigenschaften, ihren feinen Wahrnehmungen und ihrer scharfsinnigen Beurteilung der Umstände das beste Beispiel und das vortrefflichste Zeugnis zu gunsten der socialen, der moralischen und der gesetzlichen Gleichheit des Mannes und der Frau. Aber diese Frauen sind nicht zahlreich, und der öffentliche Aufruf, der an sie gerichtet wird, braucht nicht auf ihre öffentliche Zustimmung zu rechnen. Für sie ist die Frage zu ernst, zu schwierig und zu verwickelt, als daß sie den Zufällen beliebiger Diskussionen überlassen und durch die Utopien der Frauen, welche in ihrer Ungeduld zu weit gehen, kompromittiert werden sollten, und da ein solcher Aufruf bloß auf diese letzteren zählen kann, so sind es gerade diejenigen, welche öffentlich ihre Zustimmung zu demselben bekennen, die ihn in Verruf bringen und die die andern abhalten.

„Woher kommt es, daß diese Frauen so ungeduldig, so aufgeregt sind und sich so leicht zur Übertreibung hinreißen lassen? Ohne Zweifel rührt das von einer aufrichtigen Überzeugung her, aber noch öfter von Leiden, Enttäuschungen, individuellen Verirrungen, als von uneigennützigen Beobachtungen. „Es schreien nur die, welche leiden", werden jene Frauen sagen; daran ist kein Zweifel, und wenn die, welche leiden, nicht schreien würden, so wüßte man nicht, daß sie leiden, und niemand würde daran denken, dem Übel zu steuern oder die Ungerechtigkeit, über die sie sich beklagen, wieder gut zu machen. Aber das Leiden ist an und für sich ebensowenig ein unwiderlegliches Argument, als das Glück. Jedes Leiden hat Recht auf Mitleid und Unterstützung, aber es ist manchmal die logische Folge und die unvermeidliche Strafe einer exaltierten Einbildungskraft, einer unüberlegten Widerspenstigkeit, eines enttäuschten Traumgebildes, eines übermäßigen Stolzes oder eines Mangels an Energie und gutem Willen."

XI.

Die Rechte der Frau.

Nachdem Dumas die Stellung der Frauen zu ihrer
Emancipation gekennzeichnet hat, bespricht er die Frage der
Frauenrechte. Er stellt zuerst dieses fest:

„Wenn die Frau verlangt, sie solle nicht die Sklavin des
Mannes sein, und wenn sie zugleich glaubt, sie könne vom
Manne unabhängig sein, so hat sie unrecht.

„Vorerst ist die Frau nur dann die Sklavin des Mannes,
wenn sie es will, wenn sie ihn heiratet, und gesetzlich zwingt
nichts sie, ihn zu heiraten. Sodann kann sie nicht für sich
selbst und unabhängig vom Manne leben, da der Mann gewisse
materielle Funktionen verrichtet, die sie nicht verrichten kann,
und ohne die ihr abgeschiedenes, unabhängiges Leben, wie sie
dasselbe wünscht, unmöglich sicher bestehen und fortdauern
könnte; so ist z. B. der Mann Soldat, und die Frau ist es
nicht. Sie hängt also, selbst wenn sie sich nicht verheiratet,
vom Manne ab in bezug auf die Verteidigung des Herdes.
Was ihre Sklaverei anbelangt, so ist dieselbe, wie gesagt, eine
freiwillige; sie ist vom einundzwanzigsten Jahre an gesetzlich
frei, so frei und sogar noch freier als der Mann, und keine
menschliche Macht ist imstande, ihr auch nur den geringsten
Teil dieser gesetzlichen Freiheit zu nehmen, wenn sie dieselbe
behalten will, und diese Freiheit ist viel ausgedehnter und —
immer in gesetzlicher Hinsicht — viel vorteilhafter, als die

unserige. Die Frau kann nämlich im Alter von einundzwanzig Jahren sich verheiraten, ohne die Einwilligung ihrer Eltern, oder vielmehr, sie kann sich darüber hinwegsetzen; der Mann aber kann sich erst im Alter von fünfundzwanzig Jahren unter denselben Umständen verheiraten; in andern Worten, er ist vier Jahre länger als sie Sklave des Gesetzes, und, was diesen Punkt anbelangt, steht er in socialer Hinsicht der Frau nach. Das ist noch nicht alles. Der Mann wird nicht aus freier Willkür, sondern durch eines jener Reglemente, welche die Frau ihn beschuldigt, gegen sie allein gerichtet zu haben, zum Militärdienst gezogen, und wenn er desertiert oder sich empört, so wird er mit den Galeeren oder dem Tode bestraft. Von dieser Sklaverei, die auf dem Manne lastet und von der sie entbunden ist, spricht die Frau nicht. Soll das denn aber nicht zählen? Die Frauen haben also unrecht, ihre Zulassung als bürgerliche Richter oder Geschworene zu verlangen; es ist ebensowenig statthaft, ihnen das Recht zuzuerkennen, den Staat zu leiten, als ihnen die Pflicht aufzuerlegen, denselben zu verteidigen. Zuerst mögen sie Soldat sein, und dann können sie Richter, Konsul oder Geschworene werden."

Nach Dumas hat die Frau also große Vorrechte vor dem Manne durch das Gesetz erhalten. Das Gesetz aber folgte den Anweisungen der Natur. Die Frau ist früher reif, deshalb kann sie eher in die Ehe eintreten; sie ist andrerseits aber zu gewissen Verrichtungen zu schwach. Ihre Schwangerschaft, die Erziehung der Kinder u. s. w., sowie ihre natürliche Schwäche fordern, daß der Mann sie beschütze. Dieser Schutz kann allerdings leicht in Tyrannei ausarten, aber was hilft's? Die Frau hoffte in der Ehe glücklich zu sein; hat sie sich geirrt, nun — wer kann dafür? Dann hätte sie nicht heiraten sollen. Auch der Mann kann in der Ehe unglücklich werden; aber deswegen kann man dem menschlichen Gesetze keine Vorwürfe machen.

Die Frauen verlangen, daß man die Gesetze abändere, aber das, worüber sie sich beklagen, ist in Wahrheit nur eine Folge unserer Sitten. Die Gesetze zwingen die Frau nicht, zu heiraten; sie raten es ihr nicht einmal an. Die Frau ist vollständig frei; sie kann Kinder erzeugen, wann, wo und mit wem sie will. Verliert sie dann aber ihren guten Namen, ihre Ehre, so kommt das eben nur von den Sitten her, denn das Gesetz bestraft sie nicht. Sie kann eine freie Verbindung mit einem Manne eingehen; niemand verhindert sie daran, aber die Moral verbietet es. Und diese Moral ist von religiösen und politischen Gesetzgebern, d. h. von Männern begründet worden. Aber diejenigen Männer, die mit andern Frauen sich den Genuß der Liebe erlauben, ohne die Verpflichtungen derselben zu übernehmen, werden die denn auch verachtet und aus der Gesellschaft der anständigen Leute ausgewiesen? Nein. Aber weshalb denn nicht? Ganz einfach, weil die Männer die Moralgesetze gemacht und natürlich zu ihren Gunsten gemacht haben. Das mag ungerecht sein, aber das ist schon so lange der Fall, daß niemand etwas daran ändern kann. Wenn aber ein verheirateter Mann andere Frauen hat als die seinige, oder eine verheiratete Frau andere Männer als den ihrigen, was dann? Jedermann weiß es, aber niemand sagt etwas dagegen. Die Moral hat nichts mehr da zu thun, das ist Sache der Sitten. Die Sitten aber können nicht durch ein Gesetz abgeändert werden.

Diese Einwendungen sind es, welche nach Dumas den Grund der ewigen Reklamationen der Frau bilden. „Und auf diesem Gebiete," sagt er, „hat sie die Natur, die Gerechtigkeit, die Wahrheit und alle diejenigen für sich, welche ein Herz und ein Gewissen haben. Wenn sie daher durch die Feigheit des Mannes und die Grausamkeit des Gesetzes aufs äußerste getrieben wird, so wird sie feig wie der eine und grausam wie das andere, tötet und verstümmelt, und deshalb ist die Gerechtigkeit gezwungen, sie freizusprechen, und die öffentliche Meinung sieht sich genötigt, ihr Beifall zu zollen."

Was das Stimmrecht der Frauen anbelangt, so erkennt Dumas ihnen dasselbe unumwunden und in vollem Maße an.

Er selbst faßt seine diesbezüglichen Ausführungen folgender-
maßen zusammen:

„Da die Frau, d. h. die Mutter, die Gattin, die Tochter,
gerade wie wir als öffentliche Person vor dem Gesetze die volle
Verantwortlichkeit für ihre Pflichten hat; da sie als Privat-
person mehr als wir vor der öffentlichen Meinung für ihre
Gefühle verantwortlich ist*); da dieses lebende Wesen, welches
denkt, liebt, leidet, ein Gehirn, ein Herz und eine Seele hat,
gerade so gut wie wir, so hat es auch Bedürfnisse, Wünsche,
besondere Interessen und einen Fortschritt zu erfüllen und folglich
auch Rechte, die es geltend machen kann, welche direkt in der
Diskussion der öffentlichen Angelegenheiten repräsentiert werden
müssen durch Abgeordnete, die von den Frauen ernannt werden.
Man führe dieses neue Gesetz des weiblichen Stimmrechtes ein,
so wie man es für gut hält, und zwar anfänglich mit allen
möglichen Vorsichtsmaßregeln und Einschränkungen in diesem
Lande, dem der alte Schlendrian so sehr behagt; aber man
führe das Gesetz einmal ein. In der Deputiertenkammer soll
es auch französische Frauen geben. Frankreich soll der civilisierten Welt das Beispiel dieser großen Initiative geben, aber
es beeile sich, denn sonst kommt Amerika uns zuvor. Die
ersten weiblichen Deputierten sollen anfänglich in der National-
versammlung nicht zahlreich sein, aber sie werden den großen

---

*) In einem seiner Romane forderte Dumas aber, die Gesellschaft
solle die Frauen als unmündige Wesen betrachten. „Wenn ein Kind oder
ein Betrunkener," sagt er, „ein Verbrechen begehen, so werden sie selten
verurteilt. Das erstere entgeht der Gerechtigkeit des Gesetzes, der andere
seiner Strenge, weil man anerkennt, daß das Kind noch nicht genug
Verstand hatte, und der Betrunkene nicht mehr genug bei Sinnen war,
um zu wissen, was sie machten. Die Gesellschaft sollte die Frauen ebenso
behandeln, wie das Gesetz die Betrunkenen und die Kinder behandelt,
denn die Frau hat die ewige Kindheit der Vernunft und die ewige
Trunkenheit des Herzens" (Trois Hommes forts, p. 158 sq.). — So
wendet sich, was der Romancier schrieb, um eine „Heldin" zu entschuldigen, gegen das System des Philosophen!

7*

Vorteil vor ihren Kollegen haben, daß sie recht wohl wissen, was sie da zu thun haben. Eine Majorität ist nur der Beweis dessen, was augenblicklich ist; die Minorität ist oft der Keim dessen, was sein soll und sein wird. In zehn Jahren werden die Frauen Wähler sein, wie die Männer. Ob sie dann auch gewählt werden können, wird sich schon zeigen."

Bis jetzt hat die Dumas'sche Prophezeiung sich nicht erfüllt, und es ist auch nicht zu erwarten, daß Frankreich so bald in dieser Hinsicht vorgehen wird; es ist überhaupt fraglich, ob die Frauen in Europa überhaupt je zum Stimmrecht zugelassen werden. Meiner Ansicht nach haben die Frauen noch genug andere Rechte, die die Männer längst besitzen, zu vindizieren, als daß sie ein Recht verlangen sollten, das nicht bloß allen herkömmlichen Gebräuchen der Civilisation widerspricht, sondern auch in unserm öffentlichen Leben derartige Veränderungen und Umwälzungen unbedingt hervorrufen müßte, daß es fraglich erscheint, ob dieses Recht wirklich dem Gemeinwohl von Nutzen sein könnte; wahrscheinlich würde man schon nach einem ersten Versuche auf beiden Seiten freiwillig darauf verzichten.

XII.

Sentenzen und verschiedene Aussprüche.*)

Die Frau ist gemäß der Bibel das Letzte, was Gott erschuf. Gewiß hat er sie erst am Samstag Abend gemacht, denn man sieht, daß er schon müde war.

* * *

Es ist ebenso schwierig, einer Frau durch Beweisgründe etwas begreiflich zu machen, als es leicht ist, sie durch Gemütsbewegung zu überzeugen.

* * *

Die Fesseln der Ehe sind so schwer, daß man sie nur zu zweien tragen kann, — oft sogar nur zu dreien.

* * *

Von allen Dummheiten, die der Mensch begehen kann, würde ich ihm die Ehe noch am ehesten anraten; es ist doch wenigstens die einzige Dummheit, die er nicht jeden Tag von neuem beginnen kann.

* * *

Was ist eine Kokette? Eine Frau, welche einen oder mehrere Männer leiden läßt, ohne ihnen etwas zu gewähren. Was ist aber der Mann, den eine Frau kann leiden lassen,

---

*) Von den nachfolgenden Aussprüchen Dumas' erschienen die fünfzehn ersten nebst einer Anzahl anderer zuerst im „Echo de Paris"; die übrigen sind aus verschiedenen seiner Werke ausgewählt.

ohne ihm etwas zu gewähren? Ein Einfaltspinsel. — Weshalb denn aber die Koketten verleumben, und welchen Fehler begeht eine herzlose Frau, die einen kopflosen Mann umbringt?

*   *   *

Die Frauen mögen sich dieses recht wohl ins Gedächtnis einprägen: „Nur der ist ihrer Liebe würbig, der sie zu achten wußte."

*   *   *

Die Verkäuflichkeit einer Frau ist eine Strafe für den, der sie kauft.

*   *   *

Alle Frauen wollen, daß man sie schätze, aber sie halten viel weniger darauf, daß man sie achte.

*   *

Manchmal schließen wir uns mehr an eine Frau an wegen der Treulosigkeiten, die wir an ihr begehen, als wegen der Treue, die sie uns bewahrt.

*   *   *

Oft ist es die Frau, welche uns die Idee zu großen Unter=nehmungen einflößt, aber sie ist es auch gewöhnlich, die uns hernach verhindert, dieselben auszuführen.

*   *   *

Wenn ich um meine Meinung über den moralischen Unter=schied zwischen den Männern und den Frauen befragt würde, so würde ich antworten: „Die Männer sind stärker als die Frauen, aber die Frauen sind besser als die Männer."

*   *

Die Frauen verstehen sich selten untereinander, es sei denn, daß es sich darum handle, von einer andern Frau Übels zu sagen.

Ich möchte bei dieser Gelegenheit sogar erfahren, warum die Frauen, welche sich so sehr ereifern, wenn man ihrem Ge=schlechte etwas nachsagt, so unbarmherzig gegen einander sind.

*   *   *

Diejenigen Frauen, welche durchaus schön sind, haben nur so viel Schamgefühl, als dessen erfordert ist, um ihre Schönheit geltend zu machen.

*   *   *

Unter tausend Männern giebt es deren zweihundert, welche die Frauen lieben, zwanzig, welche die Frau lieben, und einen, der eine Frau liebt.

*   *   *

In zwanzig Fällen macht die Frau neunzehnmal mit einem Manne einen Plan, den sie mit einem andern verwirklicht.

*   *   *

Die Frauen sind unbarmherzig mit den Leuten, welche sie nicht lieben.

(La Dame aux Camélias, p. 85.)

*   *   *

Die Frauen verzeihen manchmal, wenn man sie in ihrer Liebe täuscht, aber nie, wenn man sie in ihrer Eigenliebe oder ihrer Eitelkeit verletzt.

*   *   (Ibid. p. 159.)

Die wahre Liebe macht einen immer besser, welches auch die Frau ist, die sie einflößt.

(Ibid. p. 217.)

*   *   *

Die Neugierde ist das große bewegende Prinzip der Liebe. „Wird dieser Mann mich anders lieben, als mein Gatte?" so fragen sich die Frauen, wenn sie einen Liebhaber nehmen wollen. — „Wird diese Frau mir dasselbe sagen, wie die andere?" so fragt sich der Mann, der ein neues Verhältnis sucht.

Man könnte beiden antworten: „Es wird genau dasselbe sein, und für die Frau bloß den Reiz des Geheimnisses, für den Mann den Reiz der Änderung bieten."

(Le Roman d'une Femme, p. 70.)

*   *   *

Nicht alle Frauen geben sich aus Liebe hin, denn dann wären sie alle entschuldbar und entschuldigt. Man frage einmal die, welche ihre Zukunft in einem Augenblick vernichtet haben, und die meisten, wenn nicht alle, werden, wenn sie aufrichtig sind, zur Antwort geben, daß sie noch heute nicht wissen, wie sie ihren ersten Fehler begehen konnten. Die Frau ist ein schwaches Wesen, dessen Herz man sich gern anvertraut (und doch wie unrecht hat man manchmal!). Weiß sie, was sie will oder was sie wollen wird? Nein, sie läßt sich von allem be= einflussen, nur nicht von der Vernunft. Da sie nicht, wie der Mann, jene erhabenen Gedanken besitzt, welche das Leben in Anspruch nehmen, so schenkt sie in ihren Stunden der Lange= weile allen Neigungen ihrer Schwäche Gehör, aber sie wird das eines Tages bereuen, denn die große Tugend der Frauen ist die Reue. (Le Roman d'une Femme, p. 220 sq.)

*   *   *

Diejenige Frau, welche den Fehltritt einer andern erfährt, bedauert dieselbe nie. Sie weist sie zuerst von sich, hernach aber bedient sie sich ihrer, wenn sie denselben Fehler begangen hat.

(Ibid. p. 290.)

*   *   *

Wenn die Frauen doch wüßten, welch' ungeheure Achtung sie gewissen Männern einflößen, wenn sie tugendhaft sind, so wären alle Frauen eitel genug, tugendhaft zu bleiben, um von dieser Minorität geachtet zu werden. (Ibid. p. 292.)

*   *   *

Die Frau ist ein himmlisches Wesen; sie ist die Vereinigung aller Schönheiten und aller Phantasien der Natur. Aber den= jenigen Frauen, welche lieben, fehlt offenbar der Verstand. Man möchte sagen, ihr Herz sei zu eng geworden, um die Liebe zu umfassen, und diese habe sich daher der Organe des Gehirns bemächtigt. Die Frauen lieben, aber sie thun es, ohne zu überlegen. (Diane de Lys, p. 77.)

*   *   *

Ach, die Liebe! welch ein wunderbares Fläschchen, das, sei es aus Thon oder aus Gold, immer dieselbe Flüssigkeit enthält, von der schon die ersten Tropfen berauschen.

(Diane de Lys, p. 155.)

* * *

Die Liebe glaubt, wie alle keuschen Leidenschaften, an die Ewigkeit. Sie giebt zwar zu, daß sie einen Anfang hatte, aber sie ist immer davon überzeugt, daß sie kein Ende nehmen wird.

(Trois Hommes forts, p. 119.)

* * *

Für eine Frau kann es keinen größeren Schmerz geben, als die zu spät gekommene Überzeugung, daß sie sich geirrt hat, daß sie sich ohne Liebe hingab und daß sie einen andern liebt, als den, welchem sie auf immer angehören muß.

(Ibid. p. 262.)

* * *

Die Grausamkeit einer Mutter, welche nicht Mutter sein will, ist etwas Fürchterliches.

(La Recherche de la Paternité, p. 98.)

* * *

Alle physiologischen Metamorphosen zielen bei der Frau nur auf eines hin: die Liebe. Sie will geliebt sein und vor allem selbst lieben. Ihr Traum, ihr Ziel, ihr Ideal, ihr Organismus, ihr Kultus, ihr Vaterland, ihr Genie, ihr Gewissen, alles richtet sich bei ihr beständig nach der Liebe. Wenn sie liebt und geliebt wird, so begreift sie alles, nimmt alles an und glaubt alles, was der Mann ihr sagt, den sie liebt und von dem sie sich geliebt weiß.

(La Question du Divorce, p. 266.)

* * *

Es giebt nur einen Gott, und für die Frau, welche liebt, ist der geliebte Mann dieser Gott.

(Ibid. p. 267.)

———————►◄———————

Vom selben Verfasser erscheinen demnächst:

Die Gredel.
Ein realistischer Roman.

Ferne Liebe.
Ein psychologischer Roman.

In Vorbereitung:

Die Frauen und die Liebe im Lichte französischen Geistes.
Studien und Skizzen.

Realismus und Naturalismus in der modernen Litteratur.
Eine Ästhetik der Litteratur auf neuer Grundlage.

Druck von Theodor Hofmann in Gera.